# Segredos da Culinária Chinesa
# Uma Viagem Sensorial à China

## Wei Chen

# Índice

*Carne De Porco Assada Picante* .............. *10*
*Pãezinhos De Porco Cozidos No Vapor* .............. *11*
*Carne De Porco Com Repolho* .............. *13*
*Carne De Porco Com Repolho E Tomate* .............. *15*
*Carne De Porco Marinada Com Repolho* .............. *16*
*Carne De Porco Com Aipo* .............. *18*
*Carne De Porco Com Castanhas E Cogumelos* .............. *19*
*Costeleta de Porco Suey* .............. *20*
*Yakisoba de porco* .............. *21*
*Chow Mein de Porco Assado* .............. *23*
*Carne De Porco Com Chutney* .............. *24*
*Carne De Porco Com Pepino* .............. *25*
*Pacotes de carne de porco crocante* .............. *26*
*Rolinhos de porco com ovo* .............. *27*
*Rolinhos de ovo de porco e camarão* .............. *28*
*Carne De Porco Assada Com Ovos* .............. *29*
*Carne De Porco Ardente* .............. *30*
*Filé De Porco Frito* .............. *31*
*Carne De Porco Com Cinco Especiarias* .............. *32*
*Carne De Porco Assada Perfumada* .............. *33*
*Carne De Porco Com Alho Picado* .............. *34*
*Carne De Porco Frita Com Gengibre* .............. *35*
*Carne De Porco Com Feijão Verde* .............. *36*
*Carne De Porco Com Presunto E Tofu* .............. *37*
*Espetadas De Porco Frito* .............. *39*
*Joelho de Porco Assado ao Molho Vermelho* .............. *40*
*Carne De Porco Marinada* .............. *42*
*Costeletas de porco marinadas* .............. *43*
*Carne De Porco Com Cogumelos* .............. *44*
*Bolo De Carne Cozida No Vapor* .............. *45*
*Carne De Porco Cozida Vermelha Com Cogumelos* .............. *46*
*Carne De Porco Com Panqueca De Macarrão* .............. *47*

Carne De Porco E Camarão Com Panqueca De Macarrão .......... 48
Carne De Porco Com Molho De Ostras ........................................ 49
Carne De Porco Com Amendoim ................................................. 50
Carne De Porco Com Pimentão ................................................... 52
Carne De Porco Picante Com Picles ........................................... 53
Carne De Porco Com Molho De Ameixa ..................................... 54
Carne De Porco Com Camarão ................................................... 55
Carne De Porco Cozida Vermelha ............................................... 56
Carne De Porco Ao Molho Vermelho ........................................... 57
Carne De Porco Com Macarrão De Arroz .................................. 59
Bolinhos De Porco Ricos ............................................................. 61
Costeletas de porco assadas ...................................................... 62
Carne De Porco Temperada ........................................................ 63
Fatias de porco escorregadias .................................................... 64
Carne De Porco Com Espinafre E Cenoura ............................... 65
Carne De Porco Cozida No Vapor .............................................. 66
Carne De Porco Frita ................................................................... 67
Carne De Porco Com Batata Doce ............................................. 68
Carne de porco agridoce ............................................................. 69
Carne De Porco Salgada ............................................................. 70
Carne De Porco Com Tofu ........................................................... 71
Carne De Porco Frita ................................................................... 72
Carne De Porco Duas Vezes Cozida .......................................... 73
Carne De Porco Com Legumes .................................................. 74
Carne De Porco Com Nozes ....................................................... 75
Wontons de porco ........................................................................ 76
Carne De Porco Com Castanhas D'água ................................... 77
Wontons de porco e camarão ..................................................... 78
Almôndegas picadas no vapor .................................................... 79
Entrecosto com Molho de Feijão Preto ....................................... 80
Entrecosto Assado ....................................................................... 81
Costelas de bordo grelhadas ...................................................... 82
Costelinha Frita ............................................................................ 83
Entrecosto com alho-poró ........................................................... 84
Entrecosto com Cogumelos ........................................................ 85
Entrecosto com Laranja ............................................................... 86

*Costelinha de abacaxi* ............................................................................ *87*
*Costelinha Crocante de Camarão* ........................................................ *88*
*Entrecosto com Vinho de Arroz* ........................................................... *89*
*Entrecosto com sementes de gergelim* ................................................. *90*
*Costeletas com molho agridoce* ........................................................... *91*
*Entrecosto salteado* .............................................................................. *93*
*Entrecosto com Tomate* ........................................................................ *94*
*Porco Assado no Churrasco* ................................................................. *95*
*Carne De Porco Fria Com Mostarda* ................................................... *96*
*Porco Assado Chinês* ............................................................................ *97*
*Carne De Porco Com Espinafre* ........................................................... *98*
*Bolinhos De Porco Fritos* ..................................................................... *99*
*Rolinhos de ovo de porco e camarão* .................................................. *100*
*Carne De Porco Picada No Vapor* ...................................................... *101*
*Carne De Porco Frita Com Carne De Caranguejo* ............................. *102*
*Carne De Porco Com Broto De Feijão* ............................................... *103*
*Carne de porco bêbada* ....................................................................... *104*
*Perna de porco cozida no vapor* ......................................................... *105*
*Porco Assado Frito com Legumes* ...................................................... *107*
*Carne De Porco Duas Vezes Cozida* ................................................... *108*
*Rins de Porco com Mangetout* ............................................................ *109*
*Presunto Vermelho com Castanhas* .................................................... *110*
*Presunto Frito e Bolinhos de Ovo* ...................................................... *111*
*Presunto e Abacaxi* ............................................................................. *112*
*Refogado de Presunto e Espinafre* ..................................................... *113*
*Frango com Broto de Bambu* .............................................................. *115*
*Presunto cozido no vapor* ................................................................... *116*
*Bacon com Repolho* ............................................................................ *117*
*Frango Amêndoa* ................................................................................. *118*
*Frango com Amêndoas e Castanhas D'água* ..................................... *120*
*Frango com Amêndoas e Legumes* ..................................................... *121*
*Frango com Anis* ................................................................................. *122*
*Frango com Damascos* ....................................................................... *124*
*Frango com Espargos* ......................................................................... *125*
*Frango com Beringela* ........................................................................ *126*
*Bacon enrolando ao Frango* ............................................................... *127*

*Frango com Broto de Feijão* .................................................. *128*
*Frango com Molho de Feijão Preto* ....................................... *129*
*Frango com Brócolis* ............................................................ *130*
*Frango com Repolho e Amendoim* ......................................... *131*
*Frango com Castanha de Caju* ............................................. *132*
*Frango com Castanhas* ......................................................... *134*
*Frango com pimenta picante* ................................................ *135*
*Frango Frito com Pimenta* .................................................... *136*
*Costeleta de Frango Suey* ..................................................... *138*
*Chow Mein de Frango* ........................................................... *139*
*Frango Temperado Frito Crocante* ....................................... *141*
*Frango Frito com Pepino* ...................................................... *142*
*Curry de Frango e Pimenta* .................................................. *144*
*Caril de Frango Chinês* ........................................................ *145*
*Frango ao Curry Rápido* ....................................................... *146*
*Frango ao Curry com Batata* ................................................ *147*
*Pernas de frango frito* ........................................................... *148*
*Frango Frito com Molho de Curry* ........................................ *149*
*Frango Bêbado* ...................................................................... *150*
*Frango Salgado com Ovos* .................................................... *151*
*Rolinhos de ovo de galinha* ................................................... *153*
*Frango Assado com Ovos* ..................................................... *155*
*Frango do Extremo Oriente* .................................................. *157*
*Frango Foo Yung* ................................................................... *158*
*Presunto e Frango Foo Yung* ................................................ *159*
*Frango Frito com Gengibre* .................................................. *160*
*Frango Gengibre* ................................................................... *161*
*Frango Gengibre com Cogumelos e Castanhas* .................... *162*
*Frango Dourado* .................................................................... *163*
*Ensopado de Frango Dourado Marinado* ............................. *164*
*Moedas de Ouro* .................................................................... *166*
*Frango Cozido no Vapor com Presunto* ............................... *167*
*Frango com Molho Hoisin* .................................................... *168*
*Frango com Mel* .................................................................... *169*
*Frango Kung Pao* .................................................................. *170*
*Frango com Alho-poró* .......................................................... *171*

| | |
|---|---|
| frango com limão | 172 |
| Frango Frito com Limão | 174 |
| Fígado de Frango com Broto de Bambu | 175 |
| Fígado de Frango Frito | 176 |
| Fígados de Frango com Mangetout | 177 |
| Fígado de Frango com Panqueca de Macarrão | 178 |
| Fígados de Frango com Molho de Ostra | 179 |
| Fígado de Frango com Abacaxi | 180 |
| Fígados de frango agridoce | 181 |
| Frango com Lichias | 182 |
| Frango com Molho de Lichia | 183 |
| Frango com Mangetout | 184 |
| Frango com Manga | 185 |
| Melão Recheado De Frango | 186 |
| Frango e cogumelos salteados | 187 |
| Frango com Cogumelos e Amendoins | 188 |
| Frango Frito com Cogumelos | 190 |
| Frango Cozido no Vapor com Cogumelos | 191 |
| Frango com Cebola | 192 |
| Frango com Laranja e Limão | 193 |
| Frango com Molho de Ostra | 194 |
| Pacotes de Frango | 195 |
| Frango com Amendoim | 196 |
| Frango com Manteiga de Amendoim | 197 |
| Frango com Ervilhas | 198 |
| Frango à Pequim | 199 |
| Frango com Pimentão | 200 |
| Frango Frito com Pimentão | 202 |
| Frango e Abacaxi | 204 |
| Frango com Abacaxi e Lichia | 205 |
| Frango com Porco | 206 |
| Frango Assado com Batata | 207 |
| Frango Cinco Especiarias com Batata | 208 |
| Frango Cozido Vermelho | 209 |
| Rissóis de Frango | 210 |
| Frango Salgado | 210 |

*Frango em óleo de gergelim* ............................................................ *211*
*Frango com Xerez* ............................................................................ *212*
*Frango com Molho de Soja* ............................................................. *213*
*Frango Assado Picante* ..................................................................... *214*
*Frango com Espinafre* ...................................................................... *215*
*Rolinhos primavera de frango* ......................................................... *216*

## Carne De Porco Assada Picante

Serve 4 porções

*450 g/1 lb de carne de porco cortada em cubos*
*sal e pimenta*
*30 ml/2 colheres de sopa de molho de soja*
*30 ml/2 colheres de sopa de molho hoisin*
*45 ml/3 colheres de sopa de óleo de amendoim*
*120 ml/4 fl oz/½ xícara de vinho de arroz ou xerez seco*
*300 ml/½ pt/1 ¼ xícara de caldo de galinha*
*5 ml/1 colher de chá de cinco especiarias em pó*
*6 cebolinhas (cebolinha), picadas*
*225 g/8 onças de cogumelos ostra, fatiados*
*15 ml/1 colher de sopa de farinha de milho (amido de milho)*

Tempere a carne com sal e pimenta. Coloque em um prato e misture o molho de soja e o molho hoisin. Cubra e deixe marinar por 1 hora. Aqueça o azeite e frite a carne até dourar. Adicione o vinho ou xerez, o caldo e o pó de cinco especiarias, deixe ferver, tampe e cozinhe por 1 hora. Adicione as cebolinhas e os cogumelos, retire a tampa e cozinhe por mais 4 minutos. Misture a farinha de milho com um pouco de água, deixe ferver novamente e cozinhe, mexendo, por 3 minutos até o molho engrossar.

## Pãezinhos De Porco Cozidos No Vapor

### Faz 12

*30 ml/2 colheres de sopa de molho hoisin*

*15 ml/1 colher de sopa de molho de ostra*

*15 ml/1 colher de sopa de molho de soja*

*2,5 ml/½ colher de chá de óleo de gergelim*

*30 ml/2 colheres de sopa de óleo de amendoim*

*10 ml/2 colher de chá de raiz de gengibre ralada*

*1 dente de alho esmagado*

*300 ml/½ pt/1¼ xícara de água*

*15 ml/1 colher de sopa de farinha de milho (amido de milho)*

*225 g/8 onças de carne de porco cozida, finamente picada*

*4 cebolinhas (cebolinha), picadas finamente*

*350 g/12 onças/3 xícaras de farinha simples (multiuso)*

*15 ml/1 colher de sopa de fermento em pó*

*2,5 ml/½ colher de chá de sal*

*50 g/2 onças/½ xícara de banha*

*5 ml/1 colher de chá de vinagre de vinho*

*12 x 13 cm/5 em quadrados de papel vegetal*

Misture os molhos hoisin, ostra e soja e o óleo de gergelim. Aqueça o azeite e frite o gengibre e o alho até dourar levemente. Adicione a mistura do molho e frite por 2 minutos. Misture 120 ml/4 fl oz/½ xícara de água com a farinha de milho e mexa na panela. Deixe ferver, mexendo, e cozinhe até a mistura engrossar. Junte a carne de porco e a cebola e deixe esfriar.

Misture a farinha, o fermento e o sal. Esfregue a banha até que a mistura fique parecida com uma farinha de rosca fina. Misture o vinagre de vinho e a água restante e depois misture com a farinha para formar uma massa firme. Sove levemente sobre uma superfície enfarinhada, cubra e deixe repousar por 20 minutos.

Sove a massa novamente, divida-a em 12 e forme uma bola com cada uma. Estenda 15 cm/6 em círculos sobre uma superfície enfarinhada. Coloque colheradas do recheio no centro de cada círculo, pincele as bordas com água e aperte as bordas para selar o recheio. Pincele um lado de cada quadrado de papel vegetal com óleo. Coloque cada pão em um quadrado de papel, com a costura voltada para baixo. Coloque os pães em uma única camada em uma grelha para cozimento a vapor sobre água fervente. Cubra e cozinhe os pães no vapor por cerca de 20 minutos até ficarem cozidos.

## Carne De Porco Com Repolho

Serve 4 porções

*6 cogumelos chineses secos*

*30 ml/2 colheres de sopa de óleo de amendoim*

*450 g/1 lb de carne de porco cortada em tiras*

*2 cebolas fatiadas*

*2 pimentões vermelhos cortados em tiras*

*350 g/12 onças de repolho branco ralado*

*2 dentes de alho picados*

*2 pedaços de talo de gengibre picado*

*30 ml/2 colheres de sopa de mel*

*45 ml/3 colheres de sopa de molho de soja*

*120 ml/4 fl oz/½ xícara de vinho branco seco*

*sal e pimenta*

*10 ml/2 colher de chá de farinha de milho (amido de milho)*

*15 ml/1 colher de sopa de água*

Mergulhe os cogumelos em água morna por 30 minutos e depois escorra. Descarte os talos e corte as tampas. Aqueça o azeite e frite a carne de porco até dourar levemente. Adicione os legumes, o alho e o gengibre e frite por 1 minuto. Adicione o mel, o molho de soja e o vinho, deixe ferver, tampe e cozinhe por 40 minutos até que a carne esteja cozida. Tempere com sal e pimenta.

Misture a farinha de milho e a água e mexa na panela. Deixe ferver, mexendo continuamente, e cozinhe por 1 minuto.

*Carne De Porco Com Repolho E Tomate*

Serve 4 porções

*30 ml/2 colheres de sopa de óleo de amendoim*
*450 g/1 lb de carne de porco magra, cortada em lascas*
*sal e pimenta moída na hora*
*1 dente de alho esmagado*
*1 cebola picada*
*½ repolho picado*
*450 g/1 lb de tomates, sem pele e cortados em quartos*
*250 ml/8 fl oz/1 xícara de caldo*
*30 ml/2 colheres de sopa de farinha de milho (amido de milho)*
*15 ml/1 colher de sopa de molho de soja*
*60 ml/4 colheres de sopa de água*

Aqueça o azeite e frite a carne de porco, o sal, a pimenta, o alho e a cebola até dourar levemente. Adicione o repolho, o tomate e o caldo, deixe ferver, tampe e cozinhe por 10 minutos até que o repolho esteja macio. Misture a farinha de milho, o molho de soja e a água até formar uma pasta, mexa na panela e cozinhe, mexendo, até o molho clarear e engrossar.

*Carne De Porco Marinada Com Repolho*

Serve 4 porções

*350 g/12 onças de barriga de porco*

*2 cebolinhas (cebolinha), picadas*

*1 fatia de raiz de gengibre picada*

*1 pau de canela*

*3 dentes de anis estrelado*

*45 ml/3 colheres de sopa de açúcar mascavo*

*600 ml/1 pt/2½ xícaras de água*

*15 ml/1 colher de sopa de óleo de amendoim*

*15 ml/1 colher de sopa de molho de soja*

*5 ml/1 colher de chá de purê de tomate (pasta)*

*5 ml/1 colher de chá de molho de ostra*

*100 g/4 onças de corações de repolho chinês*

*100 g/4 onças de pak choi*

Corte a carne de porco em pedaços de 10 cm e coloque em uma tigela. Adicione a cebolinha, o gengibre, a canela, o anis estrelado, o açúcar e a água e deixe repousar 40 minutos. Aqueça o azeite, retire a carne de porco da marinada e coloque na frigideira. Frite até dourar levemente e depois acrescente o molho de soja, o purê de tomate e o molho de ostra. Deixe ferver e cozinhe por cerca de 30 minutos até que a carne de porco esteja macia e o líquido reduzido, acrescentando um pouco mais de água durante o cozimento, se necessário.

Enquanto isso, cozinhe os corações de repolho e o pak choi em água fervente por cerca de 10 minutos até ficarem macios. Disponha-os em uma travessa aquecida, cubra com a carne de porco e regue com o molho.

## Carne De Porco Com Aipo

Serve 4 porções

45 ml/3 colheres de sopa de óleo de amendoim

1 dente de alho esmagado

1 cebolinha (cebolinha) picada

1 fatia de raiz de gengibre picada

225 g/8 onças de carne de porco magra, cortada em tiras

100 g/4 onças de aipo em fatias finas

45 ml/3 colheres de sopa de molho de soja

15 ml/1 colher de sopa de vinho de arroz ou xerez seco

5 ml/1 colher de chá de farinha de milho (amido de milho)

Aqueça o azeite e frite o alho, a cebolinha e o gengibre até dourar levemente. Adicione a carne de porco e frite por 10 minutos até dourar. Adicione o aipo e frite por 3 minutos. Adicione os ingredientes restantes e frite por 3 minutos.

*Carne De Porco Com Castanhas E Cogumelos*

Serve 4 porções

*4 cogumelos chineses secos*
*100 g/4 onças/1 xícara de castanhas*
*30 ml/2 colheres de sopa de óleo de amendoim*
*2,5 ml/½ colher de chá de sal*
*450 g/1 lb de carne de porco magra, em cubos*
*15 ml/1 colher de sopa de molho de soja*
*375 ml/13 fl oz/1½ xícara de caldo de galinha*
*100 g / 4 onças de castanhas-d'água, fatiadas*

Mergulhe os cogumelos em água morna por 30 minutos e depois escorra. Descarte os talos e corte as tampas pela metade. Escalde as castanhas em água fervente por 1 minuto e escorra. Aqueça o azeite e o sal e frite a carne de porco até dourar levemente. Adicione o molho de soja e frite por 1 minuto. Adicione o caldo e deixe ferver. Adicione as castanhas e as castanhas-d'água, deixe ferver novamente, tampe e cozinhe por cerca de 1 hora e meia até a carne ficar macia.

*Costeleta de Porco Suey*

Serve 4 porções

*100 g/4 onças de brotos de bambu, cortados em tiras*
*100 g / 4 onças de castanhas-d'água, em fatias finas*
*60 ml/4 colheres de sopa de óleo de amendoim*
*3 cebolinhas (cebolinha), picadas*
*2 dentes de alho esmagados*
*1 fatia de raiz de gengibre picada*
*225 g/8 onças de carne de porco magra, cortada em tiras*
*45 ml/3 colheres de sopa de molho de soja*
*15 ml/1 colher de sopa de vinho de arroz ou xerez seco*
*5 ml/1 colher de chá de sal*
*5 ml/1 colher de chá de açúcar*
*pimenta moída na hora*
*15 ml/1 colher de sopa de farinha de milho (amido de milho)*

Escalde os brotos de bambu e as castanhas-d'água em água fervente por 2 minutos, escorra e seque. Aqueça 45 ml/3 colheres de sopa de óleo e frite a cebolinha, o alho e o gengibre até dourar levemente. Adicione a carne de porco e frite por 4 minutos. Retire da panela.

Aqueça o óleo restante e frite os legumes por 3 minutos. Adicione a carne de porco, o molho de soja, o vinho ou xerez, o sal, o açúcar e uma pitada de pimenta e frite por 4 minutos. Misture a farinha de milho com um pouco de água, mexa na panela e cozinhe, mexendo, até o molho clarear e engrossar.

*Yakisoba de porco*

Serve 4 porções

*4 cogumelos chineses secos*
*30 ml/2 colheres de sopa de óleo de amendoim*
*2,5 ml/½ colher de chá de sal*
*4 cebolinhas (cebolinha), picadas*
*225 g/8 onças de carne de porco magra, cortada em tiras*
*15 ml/1 colher de sopa de molho de soja*
*5 ml/1 colher de chá de açúcar*
*3 talos de aipo picado*
*1 cebola cortada em rodelas*
*100 g/4 onças de cogumelos, divididos pela metade*
*120 ml/4 fl oz/½ xícara de caldo de galinha*
*macarrão frito*

Mergulhe os cogumelos em água morna por 30 minutos e depois escorra. Descarte os talos e corte as tampas. Aqueça o azeite e o sal e frite as cebolinhas até ficarem macias. Adicione a carne de porco e frite até dourar levemente. Misture o molho de soja, o açúcar, o aipo, a cebola e os cogumelos frescos e secos e frite por cerca de 4 minutos até que os ingredientes estejam bem misturados. Adicione o caldo e cozinhe por 3 minutos. Adicione metade do macarrão à panela e mexa delicadamente, depois adicione o restante do macarrão e mexa até aquecer.

*Chow Mein de Porco Assado*

Serve 4 porções

*100 g/4 onças de broto de feijão*
*45 ml/3 colheres de sopa de óleo de amendoim*
*100 g/4 onças de repolho chinês, ralado*
*225 g/8 onças de porco assado, fatiado*
*5 ml/1 colher de chá de sal*
*15 ml/1 colher de sopa de vinho de arroz ou xerez seco*

Escalde os brotos de feijão em água fervente por 4 minutos e depois escorra. Aqueça o azeite e frite os brotos de feijão e o repolho até ficarem macios. Adicione a carne de porco, o sal e o xerez e frite até aquecer bem. Adicione metade do macarrão escorrido à panela e mexa delicadamente até aquecer. Adicione o macarrão restante e mexa até aquecer.

*Carne De Porco Com Chutney*

Serve 4 porções

*5 ml/1 colher de chá de cinco especiarias em pó*

*5 ml/1 colher de chá de curry em pó*

*450 g/1 lb de carne de porco cortada em tiras*

*30 ml/2 colheres de sopa de óleo de amendoim*

*6 cebolinhas (cebolinha), cortadas em tiras*

*1 talo de aipo cortado em tiras*

*100 g/4 onças de broto de feijão*

*1 frasco de 200 g/7 onças de picles doces chineses, cortados em cubos*

*45 ml/3 colheres de sopa de chutney de manga*

*30 ml/2 colheres de sopa de molho de soja*

*30 ml/2 colheres de sopa de purê de tomate (pasta)*

*150 ml/¼ pt/½ xícara generosa de caldo de galinha*

*10 ml/2 colher de chá de farinha de milho (amido de milho)*

Esfregue bem os temperos na carne de porco. Aqueça o azeite e frite a carne por 8 minutos ou até ficar cozida. Retire da panela. Adicione os legumes à panela e frite por 5 minutos. Retorne a carne de porco à panela com todos os ingredientes restantes, exceto a farinha de milho. Mexa até aquecer completamente.

Misture a farinha de milho com um pouco de água, mexa na panela e cozinhe, mexendo, até o molho engrossar.

### Carne De Porco Com Pepino

Serve 4 porções

*225 g/8 onças de carne de porco magra, cortada em tiras*
*30 ml/2 colheres de sopa de farinha simples (multiuso)*
*sal e pimenta moída na hora*
*60 ml/4 colheres de sopa de óleo de amendoim*
*225 g/8 onças de pepino, descascado e fatiado*
*30 ml/2 colheres de sopa de molho de soja*

Misture a carne de porco na farinha e tempere com sal e pimenta. Aqueça o azeite e frite a carne de porco por cerca de 5 minutos até ficar cozida. Adicione o pepino e o molho de soja e frite por mais 4 minutos. Verifique e ajuste o tempero e sirva com arroz frito.

*Pacotes de carne de porco crocante*

Serve 4 porções

*4 cogumelos chineses secos*
*30 ml/2 colheres de sopa de óleo de amendoim*
*225 g/8 onças de filé de porco picado (moído)*
*50 g/2 onças de camarão descascado e picado*
*15 ml/1 colher de sopa de molho de soja*
*15 ml/1 colher de sopa de farinha de milho (amido de milho)*
*30 ml/2 colheres de sopa de água*
*8 embalagens de rolinho primavera*
*100 g/4 onças/1 xícara de farinha de milho (amido de milho)*
*óleo para fritar*

Mergulhe os cogumelos em água morna por 30 minutos e depois escorra. Descarte os talos e pique as tampas finamente. Aqueça o azeite e frite os cogumelos, a carne de porco, os camarões e o molho de soja durante 2 minutos. Misture a farinha de milho e a água até formar uma pasta e misture à mistura para fazer o recheio.

Corte as embalagens em tiras, coloque um pouco de recheio na ponta de cada uma e enrole em triângulos, selando com um pouco da mistura de farinha e água. Polvilhe generosamente com farinha de milho. Aqueça o óleo e frite os triângulos até ficarem crocantes e dourados. Escorra bem antes de servir.

*Rolinhos de porco com ovo*

Serve 4 porções

*225 g/8 onças de carne de porco magra, desfiada*
*1 fatia de raiz de gengibre picada*
*1 cebolinha picada*
*15 ml/1 colher de sopa de molho de soja*
*15 ml/1 colher de sopa de água*
*12 cascas de rolinho de ovo*
*1 ovo batido*
*óleo para fritar*

Misture a carne de porco, o gengibre, a cebola, o molho de soja e a água. Coloque um pouco do recheio no centro de cada casca e pincele as bordas com ovo batido. Dobre nas laterais e role o rolo de ovo para longe de você, selando as bordas com ovo. Cozinhe em uma grelha em uma panela a vapor por 30 minutos até que a carne de porco esteja cozida. Aqueça o óleo e frite por alguns minutos até ficar crocante e dourado.

*Rolinhos de ovo de porco e camarão*

Serve 4 porções

*30 ml/2 colheres de sopa de óleo de amendoim*

*225 g/8 onças de carne de porco magra, desfiada*

*6 cebolinhas (cebolinha), picadas*

*225 g/8 onças de broto de feijão*

*100 g de camarão descascado e picado*

*15 ml/1 colher de sopa de molho de soja*

*2,5 ml/½ colher de chá de sal*

*12 cascas de rolinho de ovo*

*1 ovo batido*

*óleo para fritar*

Aqueça o azeite e frite a carne de porco e a cebolinha até dourar levemente. Enquanto isso, escalde os brotos de feijão em água fervente por 2 minutos e escorra. Adicione os brotos de feijão à frigideira e frite por 1 minuto. Adicione os camarões, o molho de soja e o sal e frite por 2 minutos. Deixe esfriar.

Coloque um pouco de recheio no centro de cada casca e pincele as bordas com ovo batido. Dobre nas laterais e enrole os rolinhos de ovo, selando as bordas com ovo. Aqueça o óleo e frite os rolinhos de ovo até ficarem crocantes e dourados.

*Carne De Porco Assada Com Ovos*

Serve 4 porções

*450 g/1 lb de carne de porco magra*
*30 ml/2 colheres de sopa de óleo de amendoim*
*1 cebola picada*
*90 ml/6 colheres de sopa de molho de soja*
*45 ml/3 colheres de sopa de vinho de arroz ou xerez seco*
*15 ml/1 colher de sopa de açúcar mascavo*
*3 ovos cozidos (cozidos)*

Leve uma panela com água para ferver, acrescente a carne de porco, volte a ferver e ferva até selar. Retire da panela, escorra bem e corte em cubos. Aqueça o azeite e frite a cebola até ficar macia. Adicione a carne de porco e frite até dourar levemente. Junte o molho de soja, o vinho ou xerez e o açúcar, tampe e cozinhe por 30 minutos, mexendo ocasionalmente. Faça pequenos cortes na parte externa dos ovos e coloque-os na panela, tampe e cozinhe por mais 30 minutos.

*Carne De Porco Ardente*

Serve 4 porções

*450 g/1 lb de filé de porco, cortado em tiras*
*30 ml/2 colheres de sopa de molho de soja*
*30 ml/2 colheres de sopa de molho hoisin*
*5 ml/1 colher de chá de cinco especiarias em pó*
*15 ml/1 colher de sopa de pimenta*
*15 ml/1 colher de sopa de açúcar mascavo*
*15 ml/1 colher de sopa de óleo de gergelim*
*30 ml/2 colheres de sopa de óleo de amendoim*
*6 cebolinhas (cebolinha), picadas*
*1 pimentão verde cortado em pedaços*
*200 g/7 onças de broto de feijão*
*2 fatias de abacaxi em cubos*
*45 ml/3 colheres de sopa de ketchup de tomate (ketchup)*
*150 ml/¼ pt/½ xícara generosa de caldo de galinha*

Coloque a carne em uma tigela. Misture o molho de soja, o molho hoisin, as cinco especiarias em pó, a pimenta e o açúcar, regue com a carne e deixe marinar durante 1 hora. Aqueça os óleos e frite a carne até dourar. Retire da panela. Adicione os legumes e frite por 2 minutos. Adicione o abacaxi, o ketchup de tomate e o caldo e deixe ferver. Retorne a carne para a panela e aqueça antes de servir.

### *Filé De Porco Frito*

Serve 4 porções

*350 g/12 onças de filé de porco em cubos*
*15 ml/1 colher de sopa de vinho de arroz ou xerez seco*
*15 ml/1 colher de sopa de molho de soja*
*5 ml/1 colher de chá de óleo de gergelim*
*30 ml/2 colheres de sopa de farinha de milho (amido de milho)*
*óleo para fritar*

Misture a carne de porco, o vinho ou xerez, o molho de soja, o óleo de gergelim e a farinha de milho para que a carne de porco fique coberta com uma massa espessa. Aqueça o óleo e frite a carne de porco por cerca de 3 minutos até ficar crocante. Retire a carne de porco da frigideira, aqueça o azeite e frite novamente por cerca de 3 minutos.

### Carne De Porco Com Cinco Especiarias

Serve 4 porções

*225 g/8 onças de carne de porco magra*
*5 ml/1 colher de chá de farinha de milho (amido de milho)*
*2,5 ml/½ colher de chá de cinco especiarias em pó*
*2,5 ml/½ colher de chá de sal*
*15 ml/1 colher de sopa de vinho de arroz ou xerez seco*
*20 ml/2 colheres de sopa de óleo de amendoim*
*120 ml/4 fl oz/½ xícara de caldo de galinha*

Corte a carne de porco em fatias finas na contramão. Misture a carne de porco com a farinha de milho, cinco especiarias em pó, sal e vinho ou xerez e mexa bem para cobrir a carne de porco. Deixe repousar durante 30 minutos, mexendo de vez em quando. Aqueça o azeite, acrescente a carne de porco e frite por cerca de 3 minutos. Adicione o caldo, deixe ferver, tampe e cozinhe por 3 minutos. Sirva imediatamente.

*Carne De Porco Assada Perfumada*

Serve de 6 a 8 porções

*1 pedaço de casca de tangerina*

*45 ml/3 colheres de sopa de óleo de amendoim*

*900 g/2 lb de carne de porco magra, em cubos*

*250 ml/8 fl oz/1 xícara de vinho de arroz ou xerez seco*

*120 ml/4 fl oz/½ xícara de molho de soja*

*2,5 ml/½ colher de chá de anis em pó*

*½ pau de canela*

*4 dentes*

*5 ml/1 colher de chá de sal*

*250 ml/8 fl oz/1 xícara de água*

*2 cebolinhas (cebolinha), fatiadas*

*1 fatia de raiz de gengibre picada*

Mergulhe a casca da tangerina em água enquanto prepara o prato. Aqueça o azeite e frite a carne de porco até dourar levemente. Adicione o vinho ou xerez, o molho de soja, o anis em pó, a canela, o cravo, o sal e a água. Deixe ferver, acrescente a casca da tangerina, a cebolinha e o gengibre. Tampe e cozinhe por cerca de 1 hora e meia até ficar macio, mexendo ocasionalmente e adicionando um pouco mais de água fervente, se necessário. Retire os temperos antes de servir.

*Carne De Porco Com Alho Picado*

Serve 4 porções

*450 g/1 lb de barriga de porco, sem pele*

*3 fatias de raiz de gengibre*

*2 cebolinhas (cebolinha), picadas*

*30 ml/2 colheres de sopa de alho picado*

*30 ml/2 colheres de sopa de molho de soja*

*5 ml/1 colher de chá de sal*

*15 ml/1 colher de sopa de caldo de galinha*

*2,5 ml/½ colher de chá de óleo de pimenta*

*4 raminhos de coentro*

Numa panela coloque a carne de porco com o gengibre e a cebolinha, cubra com água, deixe ferver e cozinhe por 30 minutos até ficar cozido. Retire e escorra bem, depois corte em fatias finas de cerca de 5 cm/2 quadrados. Disponha as fatias em uma peneira de metal. Leve uma panela com água para ferver, acrescente as rodelas de porco e cozinhe por 3 minutos até aquecer bem. Disponha em um prato aquecido. Misture o alho, o molho de soja, o sal, o caldo e o óleo de pimenta e regue com a carne de porco. Sirva decorado com coentros.

### Carne De Porco Frita Com Gengibre

Serve 4 porções

*225 g/8 onças de carne de porco magra*
*5 ml/1 colher de chá de farinha de milho (amido de milho)*
*30 ml/2 colheres de sopa de molho de soja*
*30 ml/2 colheres de sopa de óleo de amendoim*
*1 fatia de raiz de gengibre picada*
*1 cebolinha (cebolinha), fatiada*
*45 ml/3 colheres de sopa de água*
*5 ml/1 colher de chá de açúcar mascavo*

Corte a carne de porco em fatias finas na contramão. Misture a farinha de milho, polvilhe com o molho de soja e misture novamente. Aqueça o azeite e frite a carne de porco por 2 minutos até ficar selada. Adicione o gengibre e a cebolinha e frite por 1 minuto. Adicione a água e o açúcar, tampe e cozinhe por cerca de 5 minutos até ficar cozido.

*Carne De Porco Com Feijão Verde*

Serve 4 porções

*450 g/1 lb de feijão verde, cortado em pedaços*
*30 ml/2 colheres de sopa de óleo de amendoim*
*2,5 ml/½ colher de chá de sal*
*1 fatia de raiz de gengibre picada*
*225 g/8 onças de carne de porco magra, picada (moída)*
*120 ml/4 fl oz/½ xícara de caldo de galinha*
*75 ml/5 colheres de sopa de água*
*2 ovos*
*15 ml/1 colher de sopa de farinha de milho (amido de milho)*

Cozinhe o feijão por cerca de 2 minutos e depois escorra. Aqueça o azeite e frite o sal e o gengibre por alguns segundos. Adicione a carne de porco e frite até dourar levemente. Adicione o feijão e frite por 30 segundos, cobrindo com o azeite. Junte o caldo, deixe ferver, tampe e cozinhe por 2 minutos. Bata 30 ml/2 colheres de sopa de água com os ovos e mexa na panela. Misture o restante da água com a farinha de milho. Quando os ovos começarem a endurecer, junte a farinha de milho e cozinhe até engrossar. Sirva imediatamente.

### Carne De Porco Com Presunto E Tofu

Serve 4 porções

*4 cogumelos chineses secos*
*5 ml/1 colher de chá de óleo de amendoim*
*100 g/4 onças de presunto defumado, fatiado*
*225 g/8 onças de tofu, fatiado*
*225 g/8 onças de carne de porco magra, fatiada*
*15 ml/1 colher de sopa de vinho de arroz ou xerez seco*
*sal e pimenta moída na hora*
*1 fatia de raiz de gengibre picada*
*1 cebolinha (cebolinha) picada*
*10 ml/2 colher de chá de farinha de milho (amido de milho)*
*30 ml/2 colheres de sopa de água*

Mergulhe os cogumelos em água morna por 30 minutos e depois escorra. Descarte os talos e corte as tampas pela metade.

Esfregue uma tigela refratária com óleo de amendoim. Disponha os cogumelos, o presunto, o tofu e a carne de porco em camadas no prato, com a carne de porco por cima. Polvilhe com vinho ou xerez, sal e pimenta, gengibre e cebolinha. Cubra e cozinhe em uma gradinha sobre água fervente por cerca de 45 minutos até ficar cozido. Escorra o molho da tigela sem mexer nos ingredientes. Adicione água suficiente para perfazer 250 ml/8 fl oz/1 xícara. Misture a farinha de milho e a água e misture ao molho. Leve para a tigela e cozinhe, mexendo, até o molho clarear e engrossar. Transfira a mistura de carne de porco para um prato aquecido, regue com o molho e sirva.

*Espetadas De Porco Frito*

## Serve 4 porções

*450 g/1 lb de filé de porco em fatias finas*
*100 g/4 onças de presunto cozido, em fatias finas*
*6 castanhas-d'água em fatias finas*
*30 ml/2 colheres de sopa de molho de soja*
*30 ml/2 colheres de sopa de vinagre de vinho*
*15 ml/1 colher de sopa de açúcar mascavo*
*15 ml/1 colher de sopa de molho de ostra*
*algumas gotas de óleo de pimenta*
*45 ml/3 colheres de sopa de farinha de milho (amido de milho)*
*30 ml/2 colheres de sopa de vinho de arroz ou xerez seco*
*2 ovos batidos*
*óleo para fritar*

Passe alternadamente a carne de porco, o presunto e as castanhas-d'água em espetos pequenos. Misture o molho de soja, o vinagre de vinho, o açúcar, o molho de ostra e o óleo de pimenta. Despeje sobre os kebabs, tampe e deixe marinar na geladeira por 3 horas. Misture a farinha de milho, o vinho ou o xerez e os ovos até obter uma massa lisa e espessa. Torça os kebabs na massa para cobri-los. Aqueça o óleo e frite os kebabs até dourar.

*Joelho de Porco Assado ao Molho Vermelho*

Serve 4 porções

*1 junta grande de porco*

*1 l/1½ pts/4¼ xícaras de água fervente*

*5 ml/1 colher de chá de sal*

*120 ml/4 fl oz/½ xícara de vinagre de vinho*

*120 ml/4 fl oz/½ xícara de molho de soja*

*45 ml/3 colheres de sopa de mel*

*5 ml/1 colher de chá de bagas de zimbro*

*5 ml/1 colher de chá de anis*

*5 ml/1 colher de chá de coentro*

*60 ml/4 colheres de sopa de óleo de amendoim*

*6 cebolinhas (cebolinha), fatiadas*

*2 cenouras em fatias finas*

*1 talo de aipo fatiado*
*45 ml/3 colheres de sopa de molho hoisin*
*30 ml/2 colheres de sopa de chutney de manga*
*75 ml/5 colheres de sopa de purê de tomate (pasta)*
*1 dente de alho esmagado*
*60 ml/4 colheres de sopa de cebolinha picada*

Leve ao lume o joelho de porco com a água, o sal, o vinagre de vinho, 45 ml/3 colheres de sopa de molho de soja, o mel e as especiarias. Adicione os legumes, deixe ferver novamente, tampe e cozinhe por cerca de 1 hora e meia até a carne ficar macia. Retire a carne e os legumes da frigideira, corte a carne do osso e corte-a em cubos. Aqueça o azeite e frite a carne até dourar. Adicione os legumes e frite por 5 minutos. Adicione o restante molho de soja, o molho hoisin, o chutney, o purê de tomate e o alho. Deixe ferver, mexendo e cozinhe por 3 minutos. Sirva polvilhado com cebolinha.

*Carne De Porco Marinada*

Serve 4 porções

*450 g/1 lb de carne de porco magra*

*1 fatia de raiz de gengibre picada*

*1 dente de alho esmagado*

*90 ml/6 colheres de sopa de molho de soja*

*15 ml/1 colher de sopa de vinho de arroz ou xerez seco*

*45 ml/3 colheres de sopa de óleo de amendoim*

*1 cebolinha (cebolinha), fatiada*

*15 ml/1 colher de sopa de açúcar mascavo*

*pimenta moída na hora*

Misture a carne de porco com o gengibre, o alho, 30 ml/2 colheres de sopa de molho de soja e vinho ou xerez. Deixe repousar 30 minutos, mexendo de vez em quando, e retire a carne da marinada. Aqueça o azeite e frite a carne de porco até dourar levemente. Adicione a cebolinha, o açúcar, o restante do molho de soja e uma pitada de pimenta, tampe e cozinhe por cerca de 45 minutos até que a carne de porco esteja cozida. Corte a carne de porco em cubos e sirva.

*Costeletas de porco marinadas*

Serve 6 porções

*6 costeletas de porco*

*1 fatia de raiz de gengibre picada*

*1 dente de alho esmagado*

*90 ml/6 colheres de sopa de molho de soja*

*30 ml/2 colheres de sopa de vinho de arroz ou xerez seco*

*45 ml/3 colheres de sopa de óleo de amendoim*

*2 cebolinhas (cebolinha), picadas*

*15 ml/1 colher de sopa de açúcar mascavo*

*pimenta moída na hora*

Corte o osso das costeletas de porco e corte a carne em cubos. Misture o gengibre, o alho, 30 ml/2 colheres de sopa de molho de soja e o vinho ou xerez, regue com a carne de porco e deixe marinar durante 30 minutos, mexendo de vez em quando. Retire a carne da marinada. Aqueça o azeite e frite a carne de porco até dourar levemente. Adicione as cebolinhas e frite por 1 minuto. Misture o restante do molho de soja com o açúcar e uma pitada de pimenta. Junte o molho, deixe ferver, tampe e cozinhe por cerca de 30 minutos até que a carne de porco esteja macia.

*Carne De Porco Com Cogumelos*

Serve 4 porções

*25 g/1 onça de cogumelos chineses secos*
*30 ml/2 colheres de sopa de óleo de amendoim*
*1 dente de alho picado*
*225 g/8 onças de carne de porco magra, cortada em lascas*
*4 cebolinhas (cebolinha), picadas*
*15 ml/1 colher de sopa de molho de soja*
*15 ml/1 colher de sopa de vinho de arroz ou xerez seco*
*5 ml/1 colher de chá de óleo de gergelim*

Mergulhe os cogumelos em água morna por 30 minutos e depois escorra. Descarte os caules e corte as tampas. Aqueça o azeite e frite o alho até dourar levemente. Adicione a carne de porco e frite até dourar. Junte a cebolinha, os cogumelos, o molho de soja e o vinho ou xerez e frite por 3 minutos. Junte o óleo de gergelim e sirva imediatamente.

*Bolo De Carne Cozida No Vapor*

Serve 4 porções

*450 g/1 lb de carne de porco picada (moída)*
*4 castanhas-d'água picadas finamente*
*225 g/8 onças de cogumelos picados finamente*
*5 ml/1 colher de chá de molho de soja*
*sal e pimenta moída na hora*
*1 ovo levemente batido*

Misture bem todos os ingredientes e molde a mistura em uma torta plana em um prato refratário. Coloque o prato em uma gradinha em uma panela a vapor, tampe e cozinhe no vapor por 1 hora e meia.

*Carne De Porco Cozida Vermelha Com Cogumelos*

Serve 4 porções

*450 g/1 lb de carne de porco magra, em cubos*
*250 ml/8 fl oz/1 xícara de água*
*15 ml/1 colher de sopa de molho de soja*
*15 ml/1 colher de sopa de vinho de arroz ou xerez seco*
*5 ml/1 colher de chá de açúcar*
*5 ml/1 colher de chá de sal*
*225 g/8 onças de cogumelos botão*

Coloque a carne de porco e a água numa panela e leve a água para ferver. Tampe e cozinhe por 30 minutos e depois escorra, reservando o caldo. Retorne a carne de porco à panela e adicione o molho de soja. Cozinhe em fogo baixo, mexendo, até que o molho de soja seja absorvido. Junte o vinho ou xerez, o açúcar e o sal. Despeje o caldo reservado, deixe ferver, tampe e cozinhe por cerca de 30 minutos, virando a carne de vez em quando. Adicione os cogumelos e cozinhe por mais 20 minutos.

## Carne De Porco Com Panqueca De Macarrão

Serve 4 porções

*30 ml/2 colheres de sopa de óleo de amendoim*
*5 ml/2 colheres de chá de sal*
*225 g/8 onças de carne de porco magra, cortada em tiras*
*225 g/8 onças de repolho chinês, ralado*
*100 g/4 onças de brotos de bambu, ralados*
*100 g/4 onças de cogumelos, cortados em fatias finas*
*150 ml/¼ pt/½ xícara generosa de caldo de galinha*
*10 ml/2 colher de chá de farinha de milho (amido de milho)*
*15 ml/1 colher de sopa de vinho de arroz ou xerez seco*
*15 ml/1 colher de sopa de água*
*panqueca de macarrão*

Aqueça o azeite e frite o sal e a carne de porco até ficarem levemente coloridos. Adicione o repolho, os brotos de bambu e os cogumelos e frite por 1 minuto. Adicione o caldo, deixe ferver, tampe e cozinhe por 4 minutos até que a carne de porco esteja cozida. Misture a farinha de milho até formar uma pasta com o vinho ou xerez e a água, mexa na panela e cozinhe, mexendo, até o molho clarear e engrossar. Despeje sobre a panqueca de macarrão para servir.

*Carne De Porco E Camarão Com Panqueca De Macarrão*

*Serve 4 porções*
*30 ml/2 colheres de sopa de óleo de amendoim*
*5 ml/1 colher de chá de sal*
*4 cebolinhas (cebolinha), picadas*
*1 dente de alho esmagado*
*225 g/8 onças de carne de porco magra, cortada em tiras*
*100 g/4 onças de cogumelos, fatiados*
*4 talos de aipo fatiados*
*225 g de camarão descascado*
*30 ml/2 colheres de sopa de molho de soja*
*10 ml/1 colher de chá de farinha de milho (amido de milho)*
*45 ml/3 colheres de sopa de água*
*panqueca de macarrão*

Aqueça o azeite e o sal e frite a cebolinha e o alho até ficarem macios. Adicione a carne de porco e frite até dourar levemente. Adicione os cogumelos e o aipo e frite por 2 minutos. Adicione os camarões, polvilhe com o molho de soja e mexa até aquecer. Misture a farinha de milho e a água até formar uma pasta, mexa na panela e cozinhe, mexendo, até ficar bem quente. Despeje sobre a panqueca de macarrão para servir.

*Carne De Porco Com Molho De Ostras*

Serve 4–6

*450 g/1 lb de carne de porco magra*
*15 ml/1 colher de sopa de farinha de milho (amido de milho)*
*10 ml/2 colheres de chá de vinho de arroz ou xerez seco*
*pitada de açúcar*
*45 ml/3 colheres de sopa de óleo de amendoim*
*10 ml/2 colheres de chá de água*
*30 ml/2 colheres de sopa de molho de ostra*
*pimenta moída na hora*
*1 fatia de raiz de gengibre picada*
*60 ml/4 colheres de sopa de caldo de galinha*

Corte a carne de porco em fatias finas na contramão. Misture 5 ml/1 colher de chá de farinha de milho com o vinho ou xerez, o açúcar e 5 ml/1 colher de chá de óleo, adicione à carne de porco e mexa bem para cobrir. Misture o restante da farinha de milho com a água, o molho de ostra e uma pitada de pimenta. Aqueça o óleo restante e frite o gengibre por 1 minuto. Adicione a carne de porco e frite até dourar levemente. Adicione o caldo e a mistura de água e molho de ostra, deixe ferver, tampe e cozinhe por 3 minutos.

## Carne De Porco Com Amendoim

Serve 4 porções

*450 g/1 lb de carne de porco magra, em cubos*
*15 ml/1 colher de sopa de farinha de milho (amido de milho)*
*5 ml/1 colher de chá de sal*
*1 clara de ovo*
*3 cebolinhas (cebolinha), picadas*
*1 dente de alho picado*
*1 fatia de raiz de gengibre picada*
*45 ml/3 colheres de sopa de caldo de galinha*
*15 ml/1 colher de sopa de vinho de arroz ou xerez seco*
*15 ml/1 colher de sopa de molho de soja*
*10 ml/2 colher de chá de melaço preto*
*45 ml/3 colheres de sopa de óleo de amendoim*
*½ pepino em cubos*
*25 g/1 onça/¼ xícara de amendoim sem casca*

*5 ml/1 colher de chá de óleo de pimenta*

Misture a carne de porco com metade da farinha de milho, o sal e a clara de ovo e mexa bem para cobrir a carne de porco. Misture o restante da farinha de milho com a cebolinha, o alho, o gengibre, o caldo, o vinho ou o xerez, o molho de soja e o melaço. Aqueça o azeite e frite a carne de porco até dourar levemente e retire-a da frigideira. Adicione o pepino à frigideira e frite por alguns minutos. Retorne a carne de porco para a panela e mexa levemente. Junte a mistura de temperos, deixe ferver e cozinhe, mexendo, até o molho clarear e engrossar. Junte o amendoim e o óleo de pimenta e aqueça antes de servir.

*Carne De Porco Com Pimentão*

Serve 4 porções

*45 ml/3 colheres de sopa de óleo de amendoim*

*225 g/8 onças de carne de porco magra, em cubos*

*1 cebola cortada em cubos*

*2 pimentões verdes cortados em cubos*

*½ cabeça de folhas chinesas cortadas em cubos*

*1 fatia de raiz de gengibre picada*

*15 ml/1 colher de sopa de molho de soja*

*15 ml/1 colher de sopa de açúcar*

*2,5 ml/½ colher de chá de sal*

Aqueça o azeite e frite a carne de porco por cerca de 4 minutos até dourar. Adicione a cebola e frite por cerca de 1 minuto. Adicione os pimentões e frite por 1 minuto. Adicione as folhas chinesas e frite por 1 minuto. Misture os ingredientes restantes, mexa na panela e frite por mais 2 minutos.

### Carne De Porco Picante Com Picles

Serve 4 porções

*900 g/2 lb de costeletas de porco*
*30 ml/2 colheres de sopa de farinha de milho (amido de milho)*
*45 ml/3 colheres de sopa de molho de soja*
*30 ml/2 colheres de sopa de xerez doce*
*5 ml/1 colher de chá de raiz de gengibre ralada*
*2,5 ml/½ colher de chá de cinco especiarias em pó*
*pitada de pimenta moída na hora*
*óleo para fritar*
*60 ml/4 colheres de sopa de caldo de galinha*
*Legumes em conserva chineses*

Corte as costeletas, descartando toda a gordura e ossos. Misture a farinha de milho, 30 ml/2 colheres de sopa de molho de soja, o xerez, o gengibre, as cinco especiarias em pó e a pimenta.

Despeje sobre a carne de porco e mexa para cobri-la completamente. Cubra e deixe marinar por 2 horas, virando de vez em quando. Aqueça o azeite e frite a carne de porco até dourar e ficar cozida. Escorra em papel de cozinha. Corte a carne de porco em rodelas grossas, transfira para uma travessa aquecida e mantenha quente. Misture o caldo e o restante do molho de soja em uma panela pequena. Deixe ferver e regue com a carne de porco fatiada. Sirva decorado com picles mistos.

*Carne De Porco Com Molho De Ameixa*

*Serve 4 porções*
*450 g/1 lb de carne de porco cozida, cortada em cubos*
*2 dentes de alho esmagados*
*sal*
*60 ml/4 colheres de sopa de ketchup de tomate (ketchup)*
*30 ml/2 colheres de sopa de molho de soja*
*45 ml/3 colheres de sopa de molho de ameixa*
*5 ml/1 colher de chá de curry em pó*
*5 ml/1 colher de chá de páprica*
*2,5 ml/½ colher de chá de pimenta moída na hora*
*45 ml/3 colheres de sopa de óleo de amendoim*
*6 cebolinhas (cebolinha), cortadas em tiras*
*4 cenouras cortadas em tiras*

Marinar a carne com o alho, o sal, o ketchup de tomate, o molho de soja, o molho de ameixa, o curry, a páprica e a pimenta por 30 minutos. Aqueça o azeite e frite a carne até dourar levemente. Retire da wok. Adicione os legumes ao óleo e frite até ficarem macios. Retorne a carne para a panela e aqueça delicadamente antes de servir.

*Carne De Porco Com Camarão*

Serve de 6 a 8 porções
*900 g/2 lb de carne de porco magra*
*30 ml/2 colheres de sopa de óleo de amendoim*
*1 cebola fatiada*
*1 cebolinha (cebolinha) picada*
*2 dentes de alho esmagados*
*30 ml/2 colheres de sopa de molho de soja*
*50 g de camarão descascado e picado*
*(chão)*
*600 ml/1 pt/2½ xícaras de água fervente*
*15 ml/1 colher de sopa de açúcar*

Leve uma panela com água para ferver, acrescente a carne de porco, tampe e cozinhe por 10 minutos. Retire da panela e escorra bem e depois corte em cubos. Aqueça o azeite e frite a cebola, a cebolinha e o alho até dourar levemente. Adicione a carne de porco e frite até dourar levemente. Adicione o molho de soja e os camarões e frite por 1 minuto. Adicione a água fervente e o açúcar, tampe e cozinhe por cerca de 40 minutos até que a carne de porco esteja macia.

### Carne De Porco Cozida Vermelha

Serve 4 porções

*675 g/1½ lb de carne de porco magra, em cubos*
*250 ml/8 fl oz/1 xícara de água*
*1 fatia de raiz de gengibre esmagada*
*60 ml/4 colheres de sopa de molho de soja*
*15 ml/1 colher de sopa de vinho de arroz ou xerez seco*
*5 ml/1 colher de chá de sal*
*10 ml/2 colheres de chá de açúcar mascavo*

Coloque a carne de porco e a água numa panela e leve a água para ferver. Adicione o gengibre, o molho de soja, o xerez e o sal, tampe e cozinhe por 45 minutos. Adicione o açúcar, vire a carne, tampe e cozinhe por mais 45 minutos até que a carne de porco esteja macia.

*Carne De Porco Ao Molho Vermelho*

Serve 4 porções

*30 ml/2 colheres de sopa de óleo de amendoim*

*225 g/8 onças de rins de porco, cortados em tiras*

*450 g/1 lb de carne de porco cortada em tiras*

*1 cebola fatiada*

*4 cebolinhas (cebolinha), cortadas em tiras*

*2 cenouras cortadas em tiras*

*1 talo de aipo cortado em tiras*

*1 pimentão vermelho cortado em tiras*

*45 ml/3 colheres de sopa de molho de soja*

*45 ml/3 colheres de sopa de vinho branco seco*

*300 ml/½ pt/1¼ xícara de caldo de galinha*

*30 ml/2 colheres de sopa de molho de ameixa*

*30 ml/2 colheres de sopa de vinagre de vinho*

*5 ml/1 colher de chá de cinco especiarias em pó*
*5 ml/1 colher de chá de açúcar mascavo*
*15 ml/1 colher de sopa de farinha de milho (amido de milho)*
*15 ml/1 colher de sopa de água*

Aqueça o azeite e frite os rins por 2 minutos e depois retire-os da frigideira. Reaqueça o azeite e frite a carne de porco até dourar levemente. Adicione os legumes e frite por 3 minutos. Adicione o molho de soja, o vinho, o caldo, o molho de ameixa, o vinagre de vinho, o pó de cinco especiarias e o açúcar, deixe ferver, tampe e cozinhe por 30 minutos até ficar cozido. Adicione os rins. Misture a farinha de milho e a água e mexa na panela. Deixe ferver e cozinhe, mexendo, até o molho engrossar.

*Carne De Porco Com Macarrão De Arroz*

Serve 4 porções

*4 cogumelos chineses secos*

*100 g/4 onças de macarrão de arroz*

*225 g/8 onças de carne de porco magra, cortada em tiras*

*15 ml/1 colher de sopa de farinha de milho (amido de milho)*

*15 ml/1 colher de sopa de molho de soja*

*15 ml/1 colher de sopa de vinho de arroz ou xerez seco*

*45 ml/3 colheres de sopa de óleo de amendoim*

*2,5 ml/½ colher de chá de sal*

*1 fatia de raiz de gengibre picada*

*2 talos de aipo picado*

*120 ml/4 fl oz/½ xícara de caldo de galinha*

*2 cebolinhas (cebolinha), fatiadas*

Mergulhe os cogumelos em água morna por 30 minutos e depois escorra. Descarte os talos e corte as tampas. Mergulhe o macarrão em água morna por 30 minutos, escorra e corte em pedaços de 5 cm/2. Coloque a carne de porco em uma tigela. Misture a farinha de milho, o molho de soja e o vinho ou xerez, regue com a carne de porco e misture bem. Aqueça o azeite e frite o sal e o gengibre por alguns segundos. Adicione a carne de porco e frite até dourar levemente. Adicione os cogumelos e o aipo e frite por 1 minuto. Adicione o caldo, deixe ferver, tampe e cozinhe por 2 minutos. Adicione o macarrão e aqueça por 2 minutos. Junte as cebolinhas e sirva imediatamente.

*Bolinhos De Porco Ricos*

Serve 4 porções

*450 g/1 lb de carne de porco picada (moída)*

*100 g/4 onças de tofu amassado*

*4 castanhas-d'água picadas finamente*

*sal e pimenta moída na hora*

*120 ml/4 fl oz/½ xícara de óleo de amendoim (amendoim)*

*1 fatia de raiz de gengibre picada*

*600 ml/1 pt/2½ xícaras de caldo de galinha*

*15 ml/1 colher de sopa de molho de soja*

*5 ml/1 colher de chá de açúcar mascavo*

*5 ml/1 colher de chá de vinho de arroz ou xerez seco*

Misture a carne de porco, o tofu e as castanhas e tempere com sal e pimenta. Forme bolas grandes. Aqueça o azeite e frite os bolinhos de porco até dourar por todos os lados e retire da frigideira. Escorra todo o óleo, exceto 15 ml/1 colher de sopa, e adicione o gengibre, o caldo, o molho de soja, o açúcar e o vinho ou xerez. Retorne os bolinhos de porco à panela, deixe ferver e cozinhe em fogo brando por 20 minutos até ficar cozido.

*Costeletas de porco assadas*

Serve 4 porções

*4 costeletas de porco*
*75 ml/5 colheres de sopa de molho de soja*
*óleo para fritar*
*100 g/4 onças de talos de aipo*
*3 cebolinhas (cebolinha), picadas*
*1 fatia de raiz de gengibre picada*
*15 ml/1 colher de sopa de vinho de arroz ou xerez seco*
*120 ml/4 fl oz/½ xícara de caldo de galinha*
*sal e pimenta moída na hora*
*5 ml/1 colher de chá de óleo de gergelim*

Mergulhe as costeletas de porco no molho de soja até ficarem bem revestidas. Aqueça o óleo e frite as costeletas até dourar. Retire e escorra bem. Disponha o aipo no fundo de um refratário raso. Polvilhe com a cebolinha e o gengibre e arrume as costeletas de porco por cima. Regue com o vinho ou xerez e o caldo e tempere com sal e pimenta. Polvilhe com óleo de gergelim. Asse em forno pré-aquecido a 200°C/400°C/gás marca 6 por 15 minutos.

### Carne De Porco Temperada

Serve 4 porções

*1 pepino em cubos*

*sal*

*450 g/1 lb de carne de porco magra, em cubos*

*5 ml/1 colher de chá de sal*

*45 ml/3 colheres de sopa de molho de soja*

*30 ml/2 colheres de sopa de vinho de arroz ou xerez seco*

*30 ml/2 colheres de sopa de farinha de milho (amido de milho)*

*15 ml/1 colher de sopa de açúcar mascavo*

*60 ml/4 colheres de sopa de óleo de amendoim*

*1 fatia de raiz de gengibre picada*

*1 dente de alho picado*

*1 pimenta vermelha, sem sementes e picada*

*60 ml/4 colheres de sopa de caldo de galinha*

Polvilhe o pepino com sal e deixe de lado. Misture a carne de porco, o sal, 15 ml/1 colher de sopa de molho de soja, 15 ml/1 colher de sopa de vinho ou xerez, 15 ml/1 colher de sopa de farinha de milho, o açúcar mascavo e 15 ml/1 colher de sopa de óleo. Deixe repousar durante 30 minutos e retire a carne da marinada. Aqueça o óleo restante e frite a carne de porco até dourar levemente. Adicione o gengibre, o alho e a pimenta e frite por 2 minutos. Adicione o pepino e frite por 2 minutos. Misture o caldo e o restante do molho de soja, o vinho ou xerez e a farinha de milho na marinada. Mexa na panela e deixe ferver, mexendo. Cozinhe, mexendo, até o molho clarear e engrossar e continue cozinhando até que a carne esteja cozida.

*Fatias de porco escorregadias*

Serve 4 porções

*225 g/8 onças de carne de porco magra, fatiada*

*2 claras de ovo*

*15 ml/1 colher de sopa de farinha de milho (amido de milho)*

*45 ml/3 colheres de sopa de óleo de amendoim*

*50 g/2 onças de brotos de bambu, fatiados*

*6 cebolinhas (cebolinha), picadas*

*2,5 ml/½ colher de chá de sal*

*15 ml/1 colher de sopa de vinho de arroz ou xerez seco*

*150 ml/¼ pt/½ xícara generosa de caldo de galinha*

Misture a carne de porco com as claras e a farinha de milho até ficar bem revestida. Aqueça o azeite e frite a carne de porco até dourar levemente e retire-a da frigideira. Adicione os brotos de bambu e as cebolinhas e frite por 2 minutos. Volte a colocar a carne de porco na frigideira com o sal, o vinho ou o xerez e o caldo de galinha. Deixe ferver e cozinhe, mexendo por 4 minutos, até que a carne de porco esteja cozida.

*Carne De Porco Com Espinafre E Cenoura*

*Serve 4 porções*

*225 g/8 onças de carne de porco magra*
*2 cenouras cortadas em tiras*
*225 g/8 onças de espinafre*
*45 ml/3 colheres de sopa de óleo de amendoim*
*1 cebolinha (cebolinha) picada finamente*
*15 ml/1 colher de sopa de molho de soja*
*2,5 ml/½ colher de chá de sal*
*10 ml/2 colher de chá de farinha de milho (amido de milho)*
*30 ml/2 colheres de sopa de água*

Corte a carne de porco em fatias finas na contramão e depois corte-a em tiras. Cozinhe as cenouras por cerca de 3 minutos e depois escorra. Corte as folhas de espinafre pela metade. Aqueça o azeite e frite a cebolinha até ficar translúcida. Adicione a carne de porco e frite até dourar levemente. Adicione as cenouras e o molho de soja e frite por 1 minuto. Adicione o sal e o espinafre e frite por cerca de 30 segundos até começar a amolecer. Misture a farinha de milho e a água até formar uma pasta, misture ao molho e frite até clarear e sirva imediatamente.

### Carne De Porco Cozida No Vapor

Serve 4 porções

*450 g/1 lb de carne de porco magra, em cubos*
*120 ml/4 fl oz/½ xícara de molho de soja*
*120 ml/4 fl oz/½ xícara de vinho de arroz ou xerez seco*
*15 ml/1 colher de sopa de açúcar mascavo*

Misture todos os ingredientes e coloque em uma tigela refratária. Cozinhe em uma gradinha sobre água fervente por cerca de 1 hora e meia até ficar cozido.

*Carne De Porco Frita*

Serve 4 porções

*25 g/1 onça de cogumelos chineses secos*
*15 ml/1 colher de sopa de óleo de amendoim*
*450 g/1 lb de carne de porco magra, fatiada*
*1 pimentão verde picado*
*15 ml/1 colher de sopa de molho de soja*
*15 ml/1 colher de sopa de vinho de arroz ou xerez seco*
*5 ml/1 colher de chá de sal*
*5 ml/1 colher de chá de óleo de gergelim*

Mergulhe os cogumelos em água morna por 30 minutos e depois escorra. Descarte os caules e corte as tampas. Aqueça o azeite e frite a carne de porco até dourar levemente. Adicione a pimenta e frite por 1 minuto. Adicione os cogumelos, o molho de soja, o vinho ou xerez e o sal e frite durante alguns minutos até a carne estar cozida. Junte o óleo de gergelim antes de servir.

*Carne De Porco Com Batata Doce*

Serve 4 porções

*óleo para fritar*

*2 batatas doces grandes, fatiadas*

*30 ml/2 colheres de sopa de óleo de amendoim*

*1 fatia de raiz de gengibre, fatiada*

*1 cebola fatiada*

*450 g/1 lb de carne de porco magra, em cubos*

*15 ml/1 colher de sopa de molho de soja*

*2,5 ml/½ colher de chá de sal*

*pimenta moída na hora*

*250 ml/8 fl oz/1 xícara de caldo de galinha*

*30 ml/2 colheres de sopa de curry em pó*

Aqueça o azeite e frite as batatas-doces até dourar. Retire da panela e escorra bem. Aqueça o óleo de amendoim e frite o gengibre e a cebola até dourar levemente. Adicione a carne de porco e frite até dourar levemente. Adicione o molho de soja, o sal e uma pitada de pimenta, junte o caldo e o curry em pó, deixe ferver e cozinhe, mexendo por 1 minuto. Adicione as batatas fritas, tampe e cozinhe por 30 minutos até que a carne de porco esteja cozida.

*Carne de porco agridoce*

Serve 4 porções

*450 g/1 lb de carne de porco magra, em cubos*
*15 ml/1 colher de sopa de vinho de arroz ou xerez seco*
*15 ml/1 colher de sopa de óleo de amendoim*
*5 ml/1 colher de chá de curry em pó*
*1 ovo batido*
*sal*
*100 g/4 onças de farinha de milho (amido de milho)*
*óleo para fritar*
*1 dente de alho esmagado*
*75 g/3 onças/½ xícara de açúcar*
*50 g/2 onças de ketchup de tomate (ketchup)*
*5 ml/1 colher de chá de vinagre de vinho*
*5 ml/1 colher de chá de óleo de gergelim*

Misture a carne de porco com o vinho ou xerez, o azeite, o caril em pó, o ovo e um pouco de sal. Misture a farinha de milho até que a carne de porco esteja coberta com a massa. Aqueça o óleo até fumegar e adicione alguns cubos de carne de porco de vez em quando. Frite por cerca de 3 minutos, escorra e reserve. Reaqueça o óleo e frite novamente os cubos por cerca de 2 minutos. Retire e escorra. Aqueça o alho, o açúcar, o ketchup de tomate e o vinagre de vinho, mexendo até que o açúcar se dissolva. Deixe ferver e adicione os cubos de porco e mexa bem. Junte o óleo de gergelim e sirva.

*Carne De Porco Salgada*

Serve 4 porções

*30 ml/2 colheres de sopa de óleo de amendoim*
*450 g/1 lb de carne de porco magra, em cubos*
*3 cebolinhas (cebolinha), fatiadas*
*2 dentes de alho esmagados*
*1 fatia de raiz de gengibre picada*
*250 ml/8 fl oz/1 xícara de molho de soja*
*30 ml/2 colheres de sopa de vinho de arroz ou xerez seco*
*30 ml/2 colheres de sopa de açúcar mascavo*
*5 ml/1 colher de chá de sal*
*600 ml/1 pt/2½ xícaras de água*

Aqueça o azeite e frite a carne de porco até dourar. Escorra o excesso de óleo, acrescente a cebolinha, o alho e o gengibre e frite por 2 minutos. Adicione o molho de soja, o vinho ou xerez, o açúcar e o sal e mexa bem. Adicione a água, deixe ferver, tampe e cozinhe por 1 hora.

*Carne De Porco Com Tofu*

Serve 4 porções

*450 g/1 lb de carne de porco magra*
*45 ml/3 colheres de sopa de óleo de amendoim*
*1 cebola fatiada*
*1 dente de alho esmagado*
*225 g/8 onças de tofu, em cubos*
*375 ml/13 fl oz/1½ xícara de caldo de galinha*
*15 ml/1 colher de sopa de açúcar mascavo*
*60 ml/4 colheres de sopa de molho de soja*
*2,5 ml/½ colher de chá de sal*

Coloque a carne de porco em uma panela e cubra com água. Deixe ferver e cozinhe por 5 minutos. Escorra e deixe esfriar e corte em cubos.

Aqueça o azeite e frite a cebola e o alho até dourar levemente. Adicione a carne de porco e frite até dourar levemente. Adicione o tofu e mexa delicadamente até ficar coberto com óleo. Adicione o caldo, o açúcar, o molho de soja e o sal, deixe ferver, tampe e cozinhe por cerca de 40 minutos até a carne de porco ficar macia.

*Carne De Porco Frita*

Serve 4 porções
*225 g/8 onças de filé de porco em cubos*
*1 clara de ovo*
*30 ml/2 colheres de sopa de vinho de arroz ou xerez seco*
*sal*
*225 g/8 onças de farinha de milho (amido de milho)*
*óleo para fritar*

Misture a carne de porco com a clara de ovo, o vinho ou o xerez e um pouco de sal. Aos poucos, acrescente farinha de milho suficiente para fazer uma massa espessa. Aqueça o azeite e frite a carne de porco até dourar, ficar crocante por fora e macia por dentro.

*Carne De Porco Duas Vezes Cozida*

Serve 4 porções

*225 g/8 onças de carne de porco magra*
*45 ml/3 colheres de sopa de óleo de amendoim*
*2 pimentões verdes, cortados em pedaços*
*2 dentes de alho picados*
*2 cebolinhas (cebolinha), fatiadas*
*15 ml/1 colher de sopa de molho de feijão picante*
*15 ml/1 colher de sopa de caldo de galinha*
*5 ml/1 colher de chá de açúcar*

Coloque o pedaço de porco numa panela, cubra com água, deixe ferver e cozinhe por 20 minutos até ficar cozido. Retire e escorra e deixe esfriar. Corte em fatias finas.

Aqueça o azeite e frite a carne de porco até dourar levemente. Adicione o pimentão, o alho e a cebolinha e frite por 2 minutos. Retire da panela. Adicione o molho de feijão, o caldo e o açúcar à panela e cozinhe, mexendo, por 2 minutos. Devolva a carne de porco e os pimentões e frite até aquecer bem. Sirva imediatamente.

*Carne De Porco Com Legumes*

Serve 4 porções
*2 dentes de alho esmagados*
*5 ml/1 colher de chá de sal*
*2,5 ml/½ colher de chá de pimenta moída na hora*
*30 ml/2 colheres de sopa de óleo de amendoim*
*30 ml/2 colheres de sopa de molho de soja*
*225 g/8 onças de florzinhas de brócolis*
*200 g/7 onças de florzinhas de couve-flor*
*1 pimentão vermelho picado*
*1 cebola picada*
*2 laranjas descascadas e cortadas em cubos*
*1 pedaço de talo de gengibre picado*
*30 ml/2 colheres de sopa de farinha de milho (amido de milho)*
*300 ml/½ pt/1¼ xícara de água*
*20 ml/2 colheres de sopa de vinagre de vinho*
*15 ml/1 colher de sopa de mel*
*pitada de gengibre em pó*

*2,5 ml/½ colher de chá de cominho*

Esmague o alho, o sal e a pimenta na carne. Aqueça o azeite e frite a carne até dourar levemente. Retire da panela. Adicione o molho de soja e os vegetais à frigideira e frite até ficarem macios, mas ainda crocantes. Adicione as laranjas e o gengibre. Misture a farinha de milho e a água e mexa na panela com o vinagre de vinho, o mel, o gengibre e o cominho. Deixe ferver e cozinhe, mexendo, por 2 minutos. Retorne a carne de porco à panela e aqueça antes de servir.

Carne De Porco Com Nozes

Serve 4 porções

*50 g/2 onças/½ xícara de nozes*
*225 g/8 onças de carne de porco magra, cortada em tiras*
*30 ml/2 colheres de sopa de farinha simples (multiuso)*
*30 ml/2 colheres de sopa de açúcar mascavo*
*30 ml/2 colheres de sopa de molho de soja*
*óleo para fritar*
*15 ml/1 colher de sopa de óleo de amendoim*

Escalde as nozes em água fervente por 2 minutos e escorra. Misture a carne de porco com a farinha, o açúcar e 15 ml/1 colher de sopa de molho de soja até ficar bem revestida. Aqueça o azeite e frite a carne de porco até ficar crocante e dourada. Escorra em papel de cozinha. Aqueça o óleo de amendoim e frite as nozes até dourar. Adicione a carne de porco à frigideira, polvilhe com o molho de soja restante e frite até aquecer bem.

*Wontons de porco*

Serve 4 porções

*450 g/1 lb de carne de porco picada (moída)*
*1 cebolinha (cebolinha) picada*
*225 g/8 onças de vegetais mistos, picados*
*30 ml/2 colheres de sopa de molho de soja*
*5 ml/1 colher de chá de sal*
*40 skins de wonton*
*óleo para fritar*

Aqueça uma frigideira e frite a carne de porco e a cebolinha até dourar levemente. Retire do fogo e junte os legumes, o molho de soja e o sal.

Para dobrar os wontons, segure a casca na palma da mão esquerda e coloque um pouco de recheio no centro. Umedeça as bordas com ovo e dobre a casca em um triângulo, selando as bordas. Umedeça os cantos com ovo e torça-os.

Aqueça o óleo e frite os wontons aos poucos até dourar. Escorra bem antes de servir.

### Carne De Porco Com Castanhas D'água

Serve 4 porções

45 ml/3 colheres de sopa de óleo de amendoim
1 dente de alho esmagado
1 cebolinha (cebolinha) picada
1 fatia de raiz de gengibre picada
225 g/8 onças de carne de porco magra, cortada em tiras
100 g / 4 onças de castanhas-d'água, em fatias finas
45 ml/3 colheres de sopa de molho de soja
15 ml/1 colher de sopa de vinho de arroz ou xerez seco
5 ml/1 colher de chá de farinha de milho (amido de milho)

Aqueça o azeite e frite o alho, a cebolinha e o gengibre até dourar levemente. Adicione a carne de porco e frite por 10 minutos até dourar. Adicione as castanhas-d'água e frite por 3 minutos. Adicione os ingredientes restantes e frite por 3 minutos.

*Wontons de porco e camarão*

Serve 4 porções

*225 g/8 onças de carne de porco picada (moída)*
*2 cebolinhas (cebolinha), picadas*
*100 g/4 onças de vegetais mistos, picados*
*100 g/4 onças de cogumelos picados*
*225 g de camarão descascado e picado*
*15 ml/1 colher de sopa de molho de soja*
*2,5 ml/½ colher de chá de sal*
*40 skins de wonton*
*óleo para fritar*

Aqueça uma frigideira e frite a carne de porco e a cebolinha até dourar levemente. Acrescente o restante dos ingredientes.

Para dobrar os wontons, segure a casca na palma da mão esquerda e coloque um pouco de recheio no centro. Umedeça as bordas com ovo e dobre a casca em um triângulo, selando as bordas. Umedeça os cantos com ovo e torça-os.

Aqueça o óleo e frite os wontons aos poucos até dourar. Escorra bem antes de servir.

*Almôndegas picadas no vapor*

Serve 4 porções

*2 dentes de alho esmagados*
*2,5 ml/½ colher de chá de sal*
*450 g/1 lb de carne de porco picada (moída)*
*1 cebola picada*
*1 pimenta vermelha picada*
*1 pimentão verde picado*
*2 pedaços de talo de gengibre picado*
*5 ml/1 colher de chá de curry em pó*
*5 ml/1 colher de chá de páprica*
*1 ovo batido*
*45 ml/3 colheres de sopa de farinha de milho (amido de milho)*
*50 g/2 onças de arroz de grão curto*
*sal e pimenta moída na hora*
*60 ml/4 colheres de sopa de cebolinha picada*

Misture o alho, o sal, a carne de porco, a cebola, o pimentão, o gengibre, o curry em pó e a páprica. Misture o ovo na mistura com a farinha de milho e o arroz. Tempere com sal e pimenta e misture com a cebolinha. Com as mãos molhadas, molde a mistura em pequenas bolas. Coloque-os em uma cesta de vapor, tampe e cozinhe em água fervente por 20 minutos até ficar cozido.

### Entrecosto com Molho de Feijão Preto

Serve 4 porções

900 g/2 lb de costelinha de porco

2 dentes de alho esmagados

2 cebolinhas (cebolinha), picadas

30 ml/2 colheres de sopa de molho de feijão preto

30 ml/2 colheres de sopa de vinho de arroz ou xerez seco

15 ml/1 colher de sopa de água

30 ml/2 colheres de sopa de molho de soja

15 ml/1 colher de sopa de farinha de milho (amido de milho)

5 ml/1 colher de chá de açúcar

120 ml/4 fl oz/½ xícara de água

30 ml/2 colheres de sopa de óleo

2,5 ml/½ colher de chá de sal

120 ml/4 fl oz/½ xícara de caldo de galinha

Corte as costelas em pedaços de 2,5 cm. Misture o alho, a cebolinha, o molho de feijão preto, o vinho ou xerez, a água e 15 ml/1 colher de sopa de molho de soja. Misture o restante do molho de soja com a farinha de milho, o açúcar e a água. Aqueça o azeite e o sal e frite o entrecosto até dourar. Escorra o óleo. Adicione a mistura de alho e frite por 2 minutos. Adicione o caldo, deixe ferver, tampe e cozinhe por 4 minutos. Junte a mistura de farinha de milho e cozinhe, mexendo, até o molho clarear e engrossar.

### Entrecosto Assado

Serve 4 porções

*3 dentes de alho esmagados*
*75 ml/5 colheres de sopa de molho de soja*
*60 ml/4 colheres de sopa de molho hoisin*
*60 ml/4 colheres de sopa de vinho de arroz ou xerez seco*
*45 ml/3 colheres de sopa de açúcar mascavo*
*30 ml/2 colheres de sopa de purê de tomate (pasta)*
*900 g/2 lb de costelinha de porco*
*15 ml/1 colher de sopa de mel*

Misture o alho, o molho de soja, o molho hoisin, o vinho ou xerez, o açúcar mascavo e o purê de tomate, regue com as costelas, tampe e deixe marinar durante a noite.

Escorra as costelas e arrume-as sobre uma gradinha em uma assadeira com um pouco de água por baixo. Asse em forno pré-aquecido a 180°C/350°F/gás marca 4 por 45 minutos, regando ocasionalmente com a marinada, reservando 30 ml/2 colheres de sopa da marinada. Misture a marinada reservada com o mel e pincele as costelas. Churrasco ou grelha (grelhe) em uma grelha quente por cerca de 10 minutos.

*Costelas de bordo grelhadas*

Serve 4 porções

*900 g/2 lb de costelinha de porco*
*60 ml/4 colheres de sopa de xarope de bordo*
*5 ml/1 colher de chá de sal*
*5 ml/1 colher de chá de açúcar*
*45 ml/3 colheres de sopa de molho de soja*
*15 ml/1 colher de sopa de vinho de arroz ou xerez seco*
*1 dente de alho esmagado*

Pique as costelas em pedaços de 5 cm/2 e coloque em uma tigela. Misture todos os ingredientes, acrescente o entrecosto e mexa bem. Cubra e deixe marinar durante a noite. Grelhe (grelhe) ou faça churrasco em fogo médio por cerca de 30 minutos.

*Costelinha Frita*

Serve 4 porções

*900 g/2 lb de costelinha de porco*

*120 ml/4 fl oz/½ xícara de ketchup de tomate (ketchup)*

*120 ml/4 fl oz/½ xícara de vinagre de vinho*

*60 ml/4 colheres de sopa de chutney de manga*

*45 ml/3 colheres de sopa de vinho de arroz ou xerez seco*

*2 dentes de alho picados*

*5 ml/1 colher de chá de sal*

*45 ml/3 colheres de sopa de molho de soja*

*30 ml/2 colheres de sopa de mel*

*15 ml/1 colher de sopa de curry em pó suave*

*15 ml/1 colher de sopa de páprica*

*óleo para fritar*

*60 ml/4 colheres de sopa de cebolinha picada*

Coloque as costelas em uma tigela. Misture todos os ingredientes exceto o azeite e a cebolinha, despeje sobre as costelas, tampe e deixe marinar por pelo menos 1 hora. Aqueça o óleo e frite as costelas até ficarem crocantes. Sirva polvilhado com cebolinha.

### *Entrecosto com alho-poró*

*Serve 4 porções*

*450 g/1 lb de costelinha de porco*
*óleo para fritar*
*250 ml/8 fl oz/1 xícara de caldo*
*30 ml/2 colheres de sopa de ketchup de tomate (ketchup)*
*2,5 ml/½ colher de chá de sal*
*2,5 ml/½ colher de chá de açúcar*
*2 alhos-porós cortados em pedaços*
*6 cebolinhas (cebolinha), cortadas em pedaços*
*50 g/2 onças de florzinhas de brócolis*
*5 ml/1 colher de chá de óleo de gergelim*

Pique as costelas em pedaços de 5 cm/2. Aqueça o óleo e frite as costelas até começarem a dourar. Retire-os da panela e despeje apenas 30 ml/2 colheres de sopa de óleo. Adicione o caldo, o ketchup de tomate, o sal e o açúcar, deixe ferver e cozinhe por 1 minuto. Retorne as costelas à panela e cozinhe por cerca de 20 minutos até ficarem macias.

Enquanto isso, aqueça mais 30 ml/2 colheres de sopa de óleo e frite o alho-poró, a cebolinha e os brócolis por cerca de 5 minutos. Polvilhe com óleo de gergelim e arrume-os em volta de um prato aquecido. Coloque as costelas e o molho no centro e sirva.

*Entrecosto com Cogumelos*

Serve 4–6

*6 cogumelos chineses secos*
*900 g/2 lb de costelinha de porco*
*2 dentes de anis estrelado*
*45 ml/3 colheres de sopa de molho de soja*
*5 ml/1 colher de chá de sal*
*15 ml/1 colher de sopa de farinha de milho (amido de milho)*

Mergulhe os cogumelos em água morna por 30 minutos e depois escorra. Descarte os talos e corte as tampas. Pique as costelas em pedaços de 5 cm/2. Leve uma panela com água para ferver, acrescente o entrecosto e cozinhe por 15 minutos. Seque bem. Retorne as costelas para a panela e cubra com água fria. Adicione os cogumelos, o anis estrelado, o molho de soja e o sal. Deixe ferver, tampe e cozinhe por cerca de 45 minutos até a carne ficar macia. Misture a farinha de milho com um pouco de água fria, mexa na panela e cozinhe, mexendo, até o molho clarear e engrossar.

### Entrecosto com Laranja

Serve 4 porções

*900 g/2 lb de costelinha de porco*
*5 ml/1 colher de chá de queijo ralado*
*5 ml/1 colher de chá de farinha de milho (amido de milho)*
*45 ml/3 colheres de sopa de vinho de arroz ou xerez seco*
*sal*
*óleo para fritar*
*15 ml/1 colher de sopa de água*
*2,5 ml/½ colher de chá de açúcar*
*15 ml/1 colher de sopa de purê de tomate (pasta)*
*2,5 ml/½ colher de chá de molho de pimenta*
*casca ralada de 1 laranja*
*1 laranja fatiada*

Pique o entrecosto em pedaços e misture com o queijo, a farinha de milho, 5 ml/1 colher de chá de vinho ou xerez e uma pitada de sal. Deixe marinar por 30 minutos. Aqueça o óleo e frite as costelas por cerca de 3 minutos até dourar. Aqueça 15 ml/1 colher de sopa de óleo num wok, junte a água, o açúcar, o puré de tomate, o molho de pimenta, a casca da laranja e o restante vinho ou xerez e leve ao lume brando durante 2 minutos. Adicione a carne de porco e mexa até ficar bem revestida. Transfira para uma travessa aquecida e sirva decorado com rodelas de laranja.

### *Costelinha de abacaxi*

*Serve 4 porções*
*900 g/2 lb de costelinha de porco*
*600 ml/1 pt/2½ xícaras de água*
*30 ml/2 colheres de sopa de óleo de amendoim*
*2 dentes de alho picados finamente*
*200 g/7 onças de pedaços de abacaxi enlatados em suco de frutas*
*120 ml/4 fl oz/½ xícara de caldo de galinha*
*60 ml/4 colheres de sopa de vinagre de vinho*
*50 g/2 onças/¼ xícara de açúcar mascavo*
*15 ml/1 colher de sopa de molho de soja*
*15 ml/1 colher de sopa de farinha de milho (amido de milho)*
*3 cebolinhas (cebolinha), picadas*

Coloque a carne de porco e a água numa panela, deixe ferver, tampe e cozinhe por 20 minutos. Seque bem.

Aqueça o azeite e frite o alho até dourar levemente. Adicione as costelas e frite até ficar bem revestido com óleo. Escorra os pedaços de abacaxi e adicione 120 ml/4 fl oz/½ xícara de suco à panela com o caldo, o vinagre de vinho, o açúcar e o molho de soja. Deixe ferver, tampe e cozinhe por 10 minutos. Adicione o abacaxi escorrido. Misture a farinha de milho com um pouco de água, junte ao molho e cozinhe, mexendo, até o molho clarear e engrossar. Sirva polvilhado com cebolinhas.

*Costelinha Crocante de Camarão*

*Serve 4 porções*
*900 g/2 lb de costelinha de porco*
*450 g/1 lb de camarão descascado*
*5 ml/1 colher de chá de açúcar*
*sal e pimenta moída na hora*
*30 ml/2 colheres de sopa de farinha simples (multiuso)*
*1 ovo levemente batido*
*100 g/4 onças de pão ralado*
*óleo para fritar*

Corte as costelas em pedaços de 5 cm/2. Corte um pouco da carne e pique com os camarões, o açúcar, o sal e a pimenta. Junte a farinha e o ovo suficiente para deixar a mistura pegajosa. Pressione os pedaços de entrecosto e polvilhe-os com pão ralado. Aqueça o óleo e frite as costelas até que venham à superfície. Escorra bem e sirva quente.

*Entrecosto com Vinho de Arroz*

Serve 4 porções

*900 g/2 lb de costelinha de porco*
*450 ml/¾ pt/2 xícaras de água*
*60 ml/4 colheres de sopa de molho de soja*
*5 ml/1 colher de chá de sal*
*30 ml/2 colheres de sopa de vinho de arroz*
*5 ml/1 colher de chá de açúcar*

Corte as costelas em pedaços de 2,5 cm. Coloque numa panela com a água, o molho de soja e o sal, deixe ferver, tampe e cozinhe por 1 hora. Seque bem. Aqueça uma frigideira e adicione o entrecosto, o vinho de arroz e o açúcar. Frite em fogo alto até o líquido evaporar.

*Entrecosto com sementes de gergelim*

Serve 4 porções

*900 g/2 lb de costelinha de porco*

*1 ovo*

*30 ml/2 colheres de sopa de farinha simples (multiuso)*

*5 ml/1 colher de chá de farinha de batata*

*45 ml/3 colheres de sopa de água*

*óleo para fritar*

*30 ml/2 colheres de sopa de óleo de amendoim*

*30 ml/2 colheres de sopa de ketchup de tomate (ketchup)*

*30 ml/2 colheres de sopa de açúcar mascavo*

*10 ml/2 colheres de chá de vinagre de vinho*

*45 ml/3 colheres de sopa de sementes de gergelim*

*4 folhas de alface*

Pique as costelas em pedaços de 10 cm e coloque em uma tigela. Misture o ovo com a farinha, a farinha de batata e a água, junte o entrecosto e deixe repousar 4 horas.

Aqueça o óleo e frite as costelas até dourar, retire e escorra. Aqueça o óleo e frite o ketchup de tomate, o açúcar mascavo e o vinagre de vinho por alguns minutos. Adicione as costelas e frite até ficar bem revestido. Polvilhe com sementes de gergelim e frite por 1 minuto. Disponha as folhas de alface em uma travessa aquecida, cubra com as costelas e sirva.

*Costeletas com molho agridoce*

*Serve 4 porções*
*900 g/2 lb de costelinha de porco*
*600 ml/1 pt/2½ xícaras de água*
*30 ml/2 colheres de sopa de óleo de amendoim*
*2 dentes de alho esmagados*
*5 ml/1 colher de chá de sal*
*100 g/4 onças/½ xícara de açúcar mascavo*

*75 ml/5 colheres de sopa de caldo de galinha*
*60 ml/4 colheres de sopa de vinagre de vinho*
*100 g/4 onças de pedaços de abacaxi enlatados em calda*
*15 ml/1 colher de sopa de purê de tomate (pasta)*
*15 ml/1 colher de sopa de molho de soja*
*15 ml/1 colher de sopa de farinha de milho (amido de milho)*
*30 ml/2 colheres de sopa de coco ralado*

Coloque a carne de porco e a água numa panela, deixe ferver, tampe e cozinhe por 20 minutos. Seque bem.

Aqueça o azeite e frite as costelas com o alho e o sal até dourar. Adicione o açúcar, o caldo e o vinagre de vinho e deixe ferver. Escorra o abacaxi e coloque 30 ml/2 colheres de sopa da calda na panela com o purê de tomate, o molho de soja e a farinha de milho. Mexa bem e cozinhe, mexendo, até o molho clarear e engrossar. Adicione o abacaxi, cozinhe por 3 minutos e sirva polvilhado com coco.

*Entrecosto salteado*

Serve 4 porções

*900 g/2 lb de costelinha de porco*

*1 ovo batido*

*5 ml/1 colher de chá de molho de soja*

*5 ml/1 colher de chá de sal*

*10 ml/2 colher de chá de farinha de milho (amido de milho)*

*10 ml/2 colheres de chá de açúcar*

*60 ml/4 colheres de sopa de óleo de amendoim*

*250 ml/8 fl oz/1 xícara de vinagre de vinho*

*250 ml/8 fl oz/1 xícara de água*

*250 ml/8 fl oz/1 xícara de vinho de arroz ou xerez seco*

Coloque as costelas em uma tigela. Misture o ovo com o molho de soja, o sal, metade da farinha de milho e metade do açúcar, junte ao entrecosto e mexa bem. Aqueça o azeite e frite o entrecosto até dourar. Adicione os ingredientes restantes, deixe ferver e cozinhe até que o líquido quase evapore.

*Entrecosto com Tomate*

Serve 4 porções

*900 g/2 lb de costelinha de porco*
*75 ml/5 colheres de sopa de molho de soja*
*30 ml/2 colheres de sopa de vinho de arroz ou xerez seco*
*2 ovos batidos*
*45 ml/3 colheres de sopa de farinha de milho (amido de milho)*
*óleo para fritar*
*45 ml/3 colheres de sopa de óleo de amendoim*
*1 cebola em fatias finas*
*250 ml/8 fl oz/1 xícara de caldo de galinha*
*60 ml/4 colheres de sopa de ketchup de tomate (ketchup)*
*10 ml/2 colheres de chá de açúcar mascavo*

Corte as costelas em pedaços de 2,5 cm. Misture com 60 ml/4 colheres de sopa de molho de soja e o vinho ou xerez e deixe marinar durante 1 hora, mexendo de vez em quando. Escorra, descartando a marinada. Cubra as costelas com ovo e depois com farinha de milho. Aqueça o azeite e frite as costelas, algumas de cada vez, até dourar. Seque bem. Aqueça o óleo de amendoim e frite a cebola até ficar translúcida. Adicione o caldo, o molho de soja restante, o ketchup e o açúcar mascavo e cozinhe por 1 minuto, mexendo. Adicione as costelas e cozinhe por 10 minutos.

### Porco Assado no Churrasco

Serve 4–6

*1,25 kg/3 lb de paleta de porco desossada*
*2 dentes de alho esmagados*
*2 cebolinhas (cebolinha), picadas*
*250 ml/8 fl oz/1 xícara de molho de soja*
*120 ml/4 fl oz/½ xícara de vinho de arroz ou xerez seco*
*100 g/4 onças/½ xícara de açúcar mascavo*
*5 ml/1 colher de chá de sal*

Coloque a carne de porco em uma tigela. Misture os restantes ingredientes, regue com a carne de porco, tape e deixe marinar durante 3 horas. Transfira a carne de porco e a marinada para uma assadeira e asse em forno pré-aquecido a 200°C/400°F/gás marca 6 por 10 minutos. Reduza a temperatura para

160°C/325°F/gás marca 3 por 1¾ horas até que a carne de porco esteja cozida.

### Carne De Porco Fria Com Mostarda

Serve 4 porções

1 kg/2 lb de carne de porco assada desossada

250 ml/8 fl oz/1 xícara de molho de soja

120 ml/4 fl oz/½ xícara de vinho de arroz ou xerez seco

100 g/4 onças/½ xícara de açúcar mascavo

3 cebolinhas (cebolinha), picadas

5 ml/1 colher de chá de sal

30 ml/2 colheres de sopa de mostarda em pó

Coloque a carne de porco em uma tigela. Misture todos os ingredientes restantes, exceto a mostarda, e regue com a carne de porco. Deixe marinar por pelo menos 2 horas, regando frequentemente. Forre uma assadeira com papel alumínio e coloque a carne de porco em uma gradinha na forma. Asse em forno pré-aquecido a 200°C/400°F/gás marca 6 por 10 minutos e depois reduza a temperatura para 160°C/325°F/gás marca 3 por mais 1¾ horas até que a carne de porco esteja macia. Deixe esfriar e depois leve à geladeira. Corte bem fino. Misture a mostarda em pó com água apenas o suficiente para fazer uma pasta cremosa para servir com a carne de porco.

*Porco Assado Chinês*

Serve 6 porções

*1,25 kg/3 lb de carne de porco em fatias grossas*
*2 dentes de alho picados finamente*
*30 ml/2 colheres de sopa de vinho de arroz ou xerez seco*
*15 ml/1 colher de sopa de açúcar mascavo*
*15 ml/1 colher de sopa de mel*
*90 ml/6 colheres de sopa de molho de soja*
*2,5 ml/½ colher de chá de cinco especiarias em pó*

Disponha a carne de porco num prato raso. Misture os restantes ingredientes, regue com a carne de porco, tape e deixe marinar no frigorífico durante a noite, virando e regando de vez em quando.

Disponha as fatias de porco numa grelha, numa assadeira com um pouco de água e regue bem com a marinada. Asse em forno pré-aquecido a 180°C/350°F/gás marca 5 por cerca de 1 hora, regando ocasionalmente, até que a carne de porco esteja cozida.

*Carne De Porco Com Espinafre*

Serve de 6 a 8 porções

*30 ml/2 colheres de sopa de óleo de amendoim*
*1,25 kg/3 lb de lombo de porco*
*250 ml/8 fl oz/1 xícara de caldo de galinha*
*15 ml/1 colher de sopa de açúcar mascavo*
*60 ml/4 colheres de sopa de molho de soja*
*900 g/2 libras de espinafre*

Aqueça o azeite e doure a carne de porco por todos os lados. Retire a maior parte da gordura. Adicione o caldo, o açúcar e o molho de soja, deixe ferver, tampe e cozinhe por cerca de 2 horas até que a carne de porco esteja cozida. Retire a carne da frigideira e deixe esfriar um pouco, depois corte em fatias. Adicione o espinafre à panela e cozinhe, mexendo delicadamente, até ficar macio. Escorra o espinafre e arrume-o em uma travessa aquecida. Cubra com as rodelas de porco e sirva.

*Bolinhos De Porco Fritos*

Serve 4 porções

*450 g/1 lb de carne de porco picada (moída)*
*1 fatia de raiz de gengibre picada*
*15 ml/1 colher de sopa de farinha de milho (amido de milho)*
*15 ml/1 colher de sopa de água*
*2,5 ml/½ colher de chá de sal*
*10 ml/2 colheres de chá de molho de soja*
*óleo para fritar*

Misture a carne de porco e o gengibre. Misture a farinha de milho, a água, o sal e o molho de soja e depois misture a mistura com a carne de porco e misture bem. Forme bolas do tamanho de nozes. Aqueça o azeite e frite os bolinhos de porco até que subam ao topo do azeite. Retire do óleo e reaqueça. Retorne a carne de porco à frigideira e frite por 1 minuto. Seque bem.

*Rolinhos de ovo de porco e camarão*

Serve 4 porções

*30 ml/2 colheres de sopa de óleo de amendoim*
*225 g/8 onças de carne de porco picada (moída)*
*225 g de camarão*
*100 g/4 onças de folhas chinesas, desfiadas*
*100 g/4 onças de brotos de bambu, cortados em tiras*
*100 g/4 onças de castanhas-d'água, cortadas em tiras*
*10 ml/2 colheres de chá de molho de soja*
*5 ml/1 colher de chá de sal*
*5 ml/1 colher de chá de açúcar*
*3 cebolinhas (cebolinha), picadas finamente*
*8 cascas de rolinho de ovo*

*óleo para fritar*

Aqueça o azeite e frite a carne de porco até ficar selada. Adicione os camarões e frite por 1 minuto. Adicione as folhas chinesas, os brotos de bambu, as castanhas-d'água, o molho de soja, o sal e o açúcar e frite por 1 minuto, tampe e cozinhe por 5 minutos. Junte as cebolinhas, coloque em uma peneira e deixe escorrer.

Coloque algumas colheradas da mistura de recheio no centro de cada casca de rolinho de ovo, dobre o fundo, dobre nas laterais e enrole para cima, envolvendo o recheio. Sele a borda com um pouco da mistura de farinha e água e deixe secar por 30 minutos. Aqueça o óleo e frite os rolinhos de ovo por cerca de 10 minutos até ficarem crocantes e dourados. Escorra bem antes de servir.

## Carne De Porco Picada No Vapor

Serve 4 porções

*450 g/1 lb de carne de porco picada (moída)*
*5 ml/1 colher de chá de farinha de milho (amido de milho)*
*2,5 ml/½ colher de chá de sal*
*10 ml/2 colheres de chá de molho de soja*

Misture a carne de porco com os ingredientes restantes e espalhe a mistura em um refratário raso. Coloque em uma panela a vapor sobre água fervente e cozinhe no vapor por cerca de 30 minutos até ficar cozido. Servir quente.

*Carne De Porco Frita Com Carne De Caranguejo*

Serve 4 porções

*225 g/8 onças de carne de caranguejo em flocos*
*100 g/4 onças de cogumelos picados*
*100 g/4 onças de brotos de bambu picados*
*5 ml/1 colher de chá de farinha de milho (amido de milho)*
*2,5 ml/½ colher de chá de sal*
*225 g/8 onças de carne de porco cozida, fatiada*
*1 clara de ovo levemente batida*
*óleo para fritar*
*15 ml/1 colher de sopa de salsinha fresca picada*

Misture a carne de caranguejo, os cogumelos, os brotos de bambu, a maior parte da farinha de milho e o sal. Corte a carne em quadrados de 5 cm/2. Faça sanduíches com a mistura de carne de caranguejo. Cubra com clara de ovo. Aqueça o óleo e frite os sanduíches, aos poucos, até dourar. Seque bem. Sirva polvilhado com salsa.

### Carne De Porco Com Broto De Feijão

Serve 4 porções

*30 ml/2 colheres de sopa de óleo de amendoim*

*2,5 ml/½ colher de chá de sal*

*2 dentes de alho esmagados*

*450 g/1 lb de broto de feijão*

*225 g/8 onças de carne de porco cozida, em cubos*

*120 ml/4 fl oz/½ xícara de caldo de galinha*

*15 ml/1 colher de sopa de molho de soja*

*15 ml/1 colher de sopa de vinho de arroz ou xerez seco*

*5 ml/1 colher de chá de açúcar*

*15 ml/1 colher de sopa de farinha de milho (amido de milho)*

*2,5 ml/½ colher de chá de óleo de gergelim*

*3 cebolinhas (cebolinha), picadas*

Aqueça o azeite e frite o sal e o alho até dourar levemente. Adicione o broto de feijão e a carne de porco e frite por 2 minutos. Adicione metade do caldo, deixe ferver, tampe e cozinhe por 3 minutos. Misture o caldo restante com o restante dos ingredientes, mexa na panela, volte a ferver e cozinhe por 4 minutos, mexendo. Sirva polvilhado com cebolinha.

*Carne de porco bêbada*

Serve 6 porções

*1,25 kg/3 lb de carne de porco enrolada desossada*
*30 ml/2 colheres de sopa de sal*
*pimenta moída na hora*
*1 cebolinha (cebolinha) picada*
*2 dentes de alho picados*
*1 garrafa de vinho branco seco*

Coloque a carne de porco numa frigideira e acrescente o sal, a pimenta, a cebolinha e o alho. Cubra com água fervente, volte a ferver, tampe e cozinhe por 30 minutos. Retire a carne de porco da frigideira, deixe esfriar e secar por 6 horas ou durante a noite na geladeira. Corte a carne de porco em pedaços grandes e coloque em uma jarra grande com tampa de rosca. Cubra com o vinho, feche e guarde na geladeira por pelo menos 1 semana.

*Perna de porco cozida no vapor*

Serve de 6 a 8 porções

*1 pequena perna de porco*
*90 ml/6 colheres de sopa de molho de soja*
*450 ml/¾ pt/2 xícaras de água*
*45 ml/3 colheres de sopa de açúcar mascavo*
*15 ml/1 colher de sopa de vinho de arroz ou xerez seco*
*30 ml/2 colheres de sopa de óleo de amendoim*
*3 dentes de alho esmagados*
*450 g/1 lb de espinafre*
*2,5 ml/½ colher de chá de sal*
*30 ml/2 colheres de sopa de farinha de milho (amido de milho)*

Fure toda a pele de porco com uma faca pontiaguda e esfregue 30 ml/2 colheres de sopa de molho de soja. Coloque em uma panela grossa com água, deixe ferver, tampe e cozinhe por 40 minutos.

Escorra, reservando o líquido, deixe a carne de porco esfriar e coloque-a em uma tigela refratária.

Misture 15 ml/1 colher de sopa de açúcar, o vinho ou xerez e 30 ml/2 colheres de sopa de molho de soja e esfregue sobre a carne de porco. Aqueça o azeite e frite o alho até dourar levemente. Adicione o açúcar restante e o molho de soja, despeje a mistura sobre a carne de porco e tampe a tigela. Coloque a tigela em uma wok e encha com água até a metade das laterais. Cubra e cozinhe no vapor por cerca de 1 hora e meia, completando com água fervente conforme necessário. Corte o espinafre em pedaços de 5 cm/2 e polvilhe com sal. Leve uma panela com água para ferver e despeje sobre o espinafre. Deixe repousar por 2 minutos até que o espinafre comece a amolecer, depois escorra e arrume em um prato de servir aquecido. Coloque a carne de porco por cima. Leve o caldo de porco para ferver. Misture a farinha de milho com um pouco de água, misture ao caldo e cozinhe, mexendo, até o molho clarear e engrossar. Despeje sobre a carne de porco e sirva.

*Porco Assado Frito com Legumes*

Serve 4 porções

*50 g/2 onças/½ xícara de amêndoas escaldadas*
*30 ml/2 colheres de sopa de óleo de amendoim*
*sal*
*100 g/4 onças de cogumelos, cortados em cubos*
*100 g/4 onças de brotos de bambu, cortados em cubos*
*1 cebola cortada em cubos*
*2 talos de aipo em cubos*
*100 g/4 onças de mangetout (ervilhas), cortadas em cubos*
*4 castanhas d'água cortadas em cubos*
*1 cebolinha (cebolinha) picada*
*20 ml/4 fl oz/½ xícara de caldo de galinha*
*225 g/8 onças de carne de porco assada no churrasco, em cubos*

*15 ml/1 colher de sopa de farinha de milho (amido de milho)*
*45 ml/3 colheres de sopa de água*
*2,5 ml/½ colher de chá de açúcar*
*pimenta moída na hora*

Torre as amêndoas até dourar levemente. Aqueça o azeite e o sal, depois acrescente os legumes e frite por 2 minutos até ficar revestido com óleo. Adicione o caldo, deixe ferver, tampe e cozinhe por 2 minutos até que os legumes estejam quase cozidos, mas ainda crocantes. Adicione a carne de porco e aqueça. Misture a farinha de milho, a água, o açúcar e a pimenta e misture ao molho. Cozinhe, mexendo, até o molho clarear e engrossar.

### Carne De Porco Duas Vezes Cozida

Serve 4 porções
*45 ml/3 colheres de sopa de óleo de amendoim*
*6 cebolinhas (cebolinha), picadas*
*1 dente de alho esmagado*
*1 fatia de raiz de gengibre picada*
*2,5 ml/½ colher de chá de sal*
*225 g/8 onças de carne de porco cozida, em cubos*

*15 ml/1 colher de sopa de molho de soja*
*15 ml/1 colher de sopa de vinho de arroz ou xerez seco*
*30 ml/2 colheres de sopa de pasta de pimenta*

Aqueça o azeite e frite a cebolinha, o alho, o gengibre e o sal até dourar levemente. Adicione a carne de porco e frite por 2 minutos. Adicione o molho de soja, o vinho ou xerez e a pasta de pimenta e frite por 3 minutos.

*Rins de Porco com Mangetout*

Serve 4 porções

*4 rins de porco, cortados ao meio e sem caroço*
*30 ml/2 colheres de sopa de óleo de amendoim*
*2,5 ml/½ colher de chá de sal*
*1 fatia de raiz de gengibre picada*
*3 talos de aipo picado*
*1 cebola picada*
*30 ml/2 colheres de sopa de molho de soja*
*15 ml/1 colher de sopa de vinho de arroz ou xerez seco*
*5 ml/1 colher de chá de açúcar*
*60 ml/4 colheres de sopa de caldo de galinha*
*225 g/8 onças de mangetout (ervilhas)*
*15 ml/1 colher de sopa de farinha de milho (amido de milho)*
*45 ml/3 colheres de sopa de água*

Ferva os rins por 10 minutos, escorra e enxágue em água fria. Aqueça o azeite e frite o sal e o gengibre por alguns segundos. Adicione os rins e frite por 30 segundos até ficarem cobertos com óleo. Adicione o aipo e a cebola e frite por 2 minutos. Adicione o molho de soja, o vinho ou xerez e o açúcar e frite por 1 minuto. Adicione o caldo, deixe ferver, tampe e cozinhe por 1 minuto. Junte a mangetout, tampe e cozinhe por 1 minuto. Misture a farinha de milho e a água, junte ao molho e cozinhe até o molho clarear e engrossar. Sirva imediatamente.

*Presunto Vermelho com Castanhas*

Serve 4–6

*1,25 kg/3 lb de presunto*
*2 cebolinhas (cebolinha), cortadas ao meio*
*2 dentes de alho esmagados*
*45 ml/3 colheres de sopa de açúcar mascavo*
*30 ml/2 colheres de sopa de vinho de arroz ou xerez seco*
*60 ml/4 colheres de sopa de molho de soja*
*450 ml/¾ pt/2 xícaras de água*
*350 g/12 onças de castanhas*

Numa frigideira coloque o presunto com a cebolinha, o alho, o açúcar, o vinho ou o xerez, o molho de soja e a água. Deixe ferver, tampe e cozinhe por cerca de 1 hora e meia, virando o presunto de vez em quando. Escalde as castanhas em água fervente por 5 minutos e escorra. Adicione ao presunto, tampe e cozinhe por mais 1 hora, virando o presunto uma ou duas vezes.

*Presunto Frito e Bolinhos de Ovo*

Serve 4 porções
*225 g/8 onças de presunto defumado picado*
*2 cebolinhas (cebolinha) picadas*
*3 ovos batidos*
*4 fatias de pão amanhecido*
*10 ml/2 colheres de sopa de farinha simples (multiuso)*
*2,5 ml/½ colher de chá de sal*
*óleo para fritar*

Misture o presunto, a cebolinha e os ovos. Faça migalhas de pão e misture ao presunto com a farinha e o sal. Forme bolas do tamanho de nozes. Aqueça o óleo e frite as almôndegas até dourar. Escorra bem em papel de cozinha.

*Presunto e Abacaxi*

Serve 4 porções

*4 cogumelos chineses secos*
*15 ml/1 colher de sopa de óleo de amendoim*
*1 dente de alho esmagado*
*50 g/2 onças de castanhas-d'água, fatiadas*
*50 g/2 onças de brotos de bambu*
*225 g/8 onças de presunto picado*
*225 g/8 onças de pedaços de abacaxi enlatados em suco de frutas*
*120 ml/4 fl oz/½ xícara de caldo de galinha*
*15 ml/1 colher de sopa de molho de soja*
*15 ml/1 colher de sopa de farinha de milho (amido de milho)*

Mergulhe os cogumelos em água morna por 30 minutos e depois escorra. Descarte os caules e corte as tampas. Aqueça o azeite e frite o alho até dourar levemente. Adicione os cogumelos, as castanhas-d'água e os brotos de bambu e frite por 2 minutos. Adicione o presunto e os pedaços de abacaxi escorridos e frite por 1 minuto. Adicione 30 ml/2 colheres de sopa de suco de abacaxi, a maior parte do caldo de galinha e o molho de soja. Deixe ferver, tampe e cozinhe por 5 minutos. Misture a farinha de milho com o caldo restante e misture ao molho. Cozinhe, mexendo, até o molho clarear e engrossar.

*Refogado de Presunto e Espinafre*

Serve 4 porções

*30 ml/2 colheres de sopa de óleo de amendoim*

*2,5 ml/½ colher de chá de sal*

*1 dente de alho picado*

*2 cebolinhas (cebolinha), picadas*

*225 g/8 onças de presunto cortado em cubos*

*450 g/1 lb de espinafre ralado*

*60 ml/4 colheres de sopa de caldo de galinha*

*15 ml/1 colher de sopa de farinha de milho (amido de milho)*

*15 ml/1 colher de sopa de molho de soja*

*45 ml/3 colheres de sopa de água*

*5 ml/1 colher de chá de açúcar*

Aqueça o azeite e frite o sal, o alho e a cebolinha até dourar levemente. Adicione o presunto e frite por 1 minuto. Adicione o espinafre e mexa até ficar coberto de óleo. Adicione o caldo, deixe ferver, tampe e cozinhe por 2 minutos até o espinafre começar a murchar. Misture a farinha de milho, o molho de soja, a água e o açúcar e mexa na panela. Cozinhe, mexendo, até o molho engrossar.

*Frango com Broto de Bambu*

Serve 4 porções

*45 ml/3 colheres de sopa de óleo de amendoim*
*1 dente de alho esmagado*
*1 cebolinha (cebolinha) picada*
*1 fatia de raiz de gengibre picada*
*225 g/8 onças de peito de frango, cortado em lascas*
*225 g/8 onças de brotos de bambu, cortados em lascas*
*45 ml/3 colheres de sopa de molho de soja*
*15 ml/1 colher de sopa de vinho de arroz ou xerez seco*
*5 ml/1 colher de chá de farinha de milho (amido de milho)*

Aqueça o azeite e frite o alho, a cebolinha e o gengibre até dourar levemente. Adicione o frango e frite por 5 minutos. Adicione os brotos de bambu e frite por 2 minutos. Junte o molho de soja, o vinho ou xerez e a farinha de milho e frite por cerca de 3 minutos até que o frango esteja cozido.

*Presunto cozido no vapor*

Serve de 6 a 8 porções

*900 g/2 lb de presunto fresco*
*30 ml/2 colheres de sopa de açúcar mascavo*
*60 ml/4 colheres de sopa de vinho de arroz ou xerez seco*

Coloque o presunto em um prato refratário sobre uma gradinha, tampe e cozinhe em água fervente por cerca de 1 hora. Adicione o açúcar e o vinho ou xerez ao prato, tampe e cozinhe no vapor por mais 1 hora ou até que o presunto esteja cozido. Deixe esfriar na tigela antes de fatiar.

*Bacon com Repolho*

Serve 4 porções

*4 fatias de bacon entremeado, descascadas e picadas*

*2,5 ml/½ colher de chá de sal*

*1 fatia de raiz de gengibre picada*

*½ repolho picado*

*75 ml/5 colheres de sopa de caldo de galinha*

*15 ml/1 colher de sopa de molho de ostra*

Frite o bacon até ficar crocante e retire-o da frigideira. Adicione o sal e o gengibre e frite por 2 minutos. Adicione o repolho e mexa bem, depois junte o bacon e acrescente o caldo, tampe e cozinhe por cerca de 5 minutos até que o repolho esteja macio, mas ainda ligeiramente crocante. Junte o molho de ostra, tampe e cozinhe por 1 minuto antes de servir.

## Frango Amêndoa

Serve 4–6

*375 ml/13 fl oz/1 ½ xícara de caldo de galinha*

*60 ml/4 colheres de sopa de vinho de arroz ou xerez seco*

*45 ml/3 colheres de sopa de farinha de milho (amido de milho)*

*15 ml/1 colher de sopa de molho de soja*

*4 peitos de frango*

*1 clara de ovo*

*2,5 ml/½ colher de chá de sal*

*óleo para fritar*

*75 g/3 onças/½ xícara de amêndoas escaldadas*

*1 cenoura grande, cortada em cubos*

*5 ml/1 colher de chá de raiz de gengibre ralada*

*6 cebolinhas (cebolinha), fatiadas*

*3 talos de aipo, fatiados*

*100 g/4 onças de cogumelos, fatiados*

*100 g/4 onças de brotos de bambu, fatiados*

Misture o caldo, metade do vinho ou xerez, 30 ml/2 colheres de sopa de farinha de milho e o molho de soja em uma panela. Deixe ferver, mexendo, e cozinhe por 5 minutos até a mistura engrossar. Retire do fogo e mantenha aquecido.

Retire a pele e os ossos do frango e corte-o em pedaços de 2,5 cm/1. Misture o restante vinho ou xerez e a farinha de milho, a clara de ovo e o sal, junte os pedaços de frango e mexa bem. Aqueça o óleo e frite os pedaços de frango, aos poucos, por cerca de 5 minutos, até dourar. Seque bem. Retire da frigideira tudo menos 30 ml/2 colheres de sopa de óleo e frite as amêndoas por 2 minutos até dourar. Seque bem. Adicione a cenoura e o gengibre à frigideira e frite por 1 minuto. Adicione os legumes restantes e frite por cerca de 3 minutos até que os legumes estejam macios, mas ainda crocantes. Retorne o frango e as amêndoas à panela com o molho e leve ao fogo moderado por alguns minutos até aquecer bem.

*Frango com Amêndoas e Castanhas D'água*

Serve 4 porções

*6 cogumelos chineses secos*
*4 pedaços de frango, desossados*
*100 g/4 onças de amêndoas moídas*
*sal e pimenta moída na hora*
*60 ml/4 colheres de sopa de óleo de amendoim*
*100 g / 4 onças de castanhas-d'água, fatiadas*
*75 ml/5 colheres de sopa de caldo de galinha*
*30 ml/2 colheres de sopa de molho de soja*

Mergulhe os cogumelos em água morna por 30 minutos e depois escorra. Descarte os talos e corte as tampas. Corte o frango em fatias finas. Tempere generosamente as amêndoas com sal e pimenta e cubra as fatias de frango com as amêndoas. Aqueça o óleo e frite o frango até dourar levemente. Adicione os cogumelos, as castanhas-d'água, o caldo e o molho de soja, deixe ferver, tampe e cozinhe por alguns minutos até que o frango esteja cozido.

*Frango com Amêndoas e Legumes*

Serve 4 porções

75 ml/5 colheres de sopa de óleo de amendoim

4 fatias de raiz de gengibre picada

5 ml/1 colher de chá de sal

100 g/4 onças de repolho chinês, ralado

50 g/2 onças de brotos de bambu, cortados em cubos

50 g/2 onças de cogumelos cortados em cubos

2 talos de aipo em cubos

3 castanhas d'água cortadas em cubos

120 ml/4 fl oz/½ xícara de caldo de galinha

225 g/8 onças de peito de frango cortado em cubos

15 ml/1 colher de sopa de vinho de arroz ou xerez seco

50 g/2 onças de mangetout (ervilhas)

100 g/4 onças de amêndoas em flocos, torradas

10 ml/2 colher de chá de farinha de milho (amido de milho)

15 ml/1 colher de sopa de água

Aqueça metade do azeite e frite o gengibre e o sal por 30 segundos. Adicione o repolho, o broto de bambu, os cogumelos, o aipo e as castanhas-d'água e frite por 2 minutos. Adicione o caldo, deixe ferver, tampe e cozinhe por 2 minutos. Retire os legumes e o molho da panela. Aqueça o óleo restante e frite o frango por 1 minuto. Adicione o vinho ou xerez e frite por 1 minuto. Retorne os legumes à panela com a mangetout e as amêndoas e cozinhe por 30 segundos. Misture a farinha de milho e a água até formar uma pasta, misture ao molho e cozinhe, mexendo até o molho engrossar.

*Frango com Anis*

Serve 4 porções

*75 ml/5 colheres de sopa de óleo de amendoim*

*2 cebolas picadas*

*1 dente de alho picado*

*2 fatias de raiz de gengibre picada*

*15 ml/1 colher de sopa de farinha simples (multiuso)*

*30 ml/2 colheres de sopa de curry em pó*

*450 g/1 lb de frango em cubos*

*15 ml/1 colher de sopa de açúcar*

*30 ml/2 colheres de sopa de molho de soja*

*450 ml/¾ pt/2 xícaras de caldo de galinha*

*2 dentes de anis estrelado*

*225 g/8 onças de batatas cortadas em cubos*

Aqueça metade do azeite e frite a cebola até dourar levemente e retire-a da frigideira. Aqueça o azeite restante e frite o alho e o gengibre por 30 segundos. Junte a farinha e o curry em pó e cozinhe por 2 minutos. Volte a colocar a cebola na panela, acrescente o frango e frite por 3 minutos. Adicione o açúcar, o molho de soja, o caldo e o anis, deixe ferver, tampe e cozinhe por 15 minutos. Adicione as batatas, volte a ferver, tampe e cozinhe por mais 20 minutos até ficarem macias.

*Frango com Damascos*

Serve 4 porções

*4 pedaços de frango*
*sal e pimenta moída na hora*
*pitada de gengibre em pó*
*60 ml/4 colheres de sopa de óleo de amendoim*
*225 g/8 onças de damascos enlatados, divididos pela metade*
*300 ml/½ pt/1 ¼ xícara de molho agridoce*
*30 ml/2 colheres de sopa de amêndoas em flocos, torradas*

Tempere o frango com sal, pimenta e gengibre. Aqueça o óleo e frite o frango até dourar levemente. Cubra e cozinhe por cerca de 20 minutos até ficar macio, virando ocasionalmente. Escorra o óleo. Adicione os damascos e o molho à panela, deixe ferver, tampe e cozinhe em fogo brando por cerca de 5 minutos ou até aquecer bem. Decore com amêndoas lascadas.

*Frango com Espargos*

Serve 4 porções

*45 ml/3 colheres de sopa de óleo de amendoim*

*5 ml/1 colher de chá de sal*

*1 dente de alho esmagado*

*1 cebolinha (cebolinha) picada*

*1 peito de frango fatiado*

*30 ml/2 colheres de sopa de molho de feijão preto*

*350 g/12 onças de aspargos, cortados em pedaços de 2,5 cm/1*

*120 ml/4 fl oz/½ xícara de caldo de galinha*

*5 ml/1 colher de chá de açúcar*

*15 ml/1 colher de sopa de farinha de milho (amido de milho)*

*45 ml/3 colheres de sopa de água*

Aqueça metade do azeite e frite o sal, o alho e a cebolinha até dourar levemente. Adicione o frango e frite até ficar levemente colorido. Adicione o molho de feijão preto e mexa para cobrir o frango. Adicione os aspargos, o caldo e o açúcar, deixe ferver, tampe e cozinhe por 5 minutos até o frango ficar macio. Misture a farinha de milho e a água até formar uma pasta, mexa na panela e cozinhe, mexendo, até o molho clarear e engrossar.

*Frango com Beringela*

Serve 4 porções

*225 g/8 onças de frango fatiado*
*15 ml/1 colher de sopa de molho de soja*
*15 ml/1 colher de sopa de vinho de arroz ou xerez seco*
*15 ml/1 colher de sopa de farinha de milho (amido de milho)*
*1 berinjela (berinjela), descascada e cortada em tiras*
*30 ml/2 colheres de sopa de óleo de amendoim*
*2 pimentas vermelhas secas*
*2 dentes de alho esmagados*
*75 ml/5 colheres de sopa de caldo de galinha*

Coloque o frango em uma tigela. Misture o molho de soja, o vinho ou xerez e a farinha de milho, junte ao frango e deixe repousar 30 minutos. Escalde a berinjela em água fervente por 3 minutos e escorra bem. Aqueça o azeite e frite os pimentões até escurecer, retire e descarte. Adicione o alho e o frango e frite até ficar levemente colorido. Adicione o caldo e a berinjela, deixe ferver, tampe e cozinhe por 3 minutos, mexendo de vez em quando.

*Bacon enrolando ao Frango*

## Serve 4–6

*225 g/8 onças de frango em cubos*
*30 ml/2 colheres de sopa de molho de soja*
*15 ml/1 colher de sopa de vinho de arroz ou xerez seco*
*5 ml/1 colher de chá de açúcar*
*5 ml/1 colher de chá de óleo de gergelim*
*sal e pimenta moída na hora*
*225 g/8 onças de fatias de bacon*
*1 ovo levemente batido*
*100 g/4 onças de farinha simples (multiuso)*
*óleo para fritar*
*4 tomates fatiados*

Misture o frango com o molho de soja, o vinho ou xerez, o açúcar, o óleo de gergelim, o sal e a pimenta. Cubra e deixe marinar por 1 hora, mexendo de vez em quando, depois retire o frango e descarte a marinada. Corte o bacon em pedaços e envolva os cubos de frango. Bata os ovos com a farinha até formar uma massa espessa, acrescentando um pouco de leite se necessário. Mergulhe os cubos na massa. Aqueça o óleo e frite os cubos até dourar e ficar cozido. Sirva decorado com tomates.

*Frango com Broto de Feijão*

Serve 4 porções

*45 ml/3 colheres de sopa de óleo de amendoim*
*1 dente de alho esmagado*
*1 cebolinha (cebolinha) picada*
*1 fatia de raiz de gengibre picada*
*225 g/8 onças de peito de frango, cortado em lascas*
*225 g/8 onças de broto de feijão*
*45 ml/3 colheres de sopa de molho de soja*
*15 ml/1 colher de sopa de vinho de arroz ou xerez seco*
*5 ml/1 colher de chá de farinha de milho (amido de milho)*

Aqueça o azeite e frite o alho, a cebolinha e o gengibre até dourar levemente. Adicione o frango e frite por 5 minutos. Adicione os brotos de feijão e frite por 2 minutos. Junte o molho de soja, o vinho ou xerez e a farinha de milho e frite por cerca de 3 minutos até que o frango esteja cozido.

*Frango com Molho de Feijão Preto*

Serve 4 porções

*30 ml/2 colheres de sopa de óleo de amendoim*

*5 ml/1 colher de chá de sal*

*30 ml/2 colheres de sopa de molho de feijão preto*

*2 dentes de alho esmagados*

*450 g/1 lb de frango em cubos*

*250 ml/8 fl oz/1 xícara de caldo*

*1 pimentão verde picado*

*1 cebola picada*

*15 ml/1 colher de sopa de molho de soja*

*pimenta moída na hora*

*15 ml/1 colher de sopa de farinha de milho (amido de milho)*

*45 ml/3 colheres de sopa de água*

Aqueça o azeite e frite o sal, o feijão preto e o alho por 30 segundos. Adicione o frango e frite até dourar levemente. Junte o caldo, deixe ferver, tampe e cozinhe por 10 minutos. Adicione o pimentão, a cebola, o molho de soja e a pimenta, tampe e cozinhe por mais 10 minutos. Misture a farinha de milho e a água até formar uma pasta, junte ao molho e cozinhe, mexendo, até o molho engrossar e o frango ficar macio.

*Frango com Brócolis*

Serve 4 porções

*450 g/1 lb de carne de frango cortada em cubos*
*225 g/8 onças de fígado de frango*
*45 ml/3 colheres de sopa de farinha simples (multiuso)*
*45 ml/3 colheres de sopa de óleo de amendoim*
*1 cebola cortada em cubos*
*1 pimentão vermelho picado*
*1 pimentão verde picado*
*225 g/8 onças de florzinhas de brócolis*
*4 fatias de abacaxi em cubos*
*30 ml/2 colheres de sopa de purê de tomate (pasta)*
*30 ml/2 colheres de sopa de molho hoisin*
*30 ml/2 colheres de sopa de mel*
*30 ml/2 colheres de sopa de molho de soja*
*300 ml/½ pt/1¼ xícara de caldo de galinha*
*10 ml/2 colheres de chá de óleo de gergelim*

Misture o frango e os fígados de frango na farinha. Aqueça o azeite e frite o fígado por 5 minutos e retire da frigideira. Adicione o frango, tampe e frite em fogo moderado por 15 minutos, mexendo de vez em quando. Adicione os legumes e o abacaxi e frite por 8 minutos. Retorne os fígados para a wok, acrescente os ingredientes restantes e deixe ferver. Cozinhe, mexendo, até o molho engrossar.

*Frango com Repolho e Amendoim*

Serve 4 porções

*45 ml/3 colheres de sopa de óleo de amendoim*
*30 ml/2 colheres de sopa de amendoim*
*450 g/1 lb de frango em cubos*
*½ repolho cortado em quadrados*
*15 ml/1 colher de sopa de molho de feijão preto*
*2 pimentas vermelhas picadas*
*5 ml/1 colher de chá de sal*

Aqueça um pouco de óleo e frite o amendoim por alguns minutos, mexendo sempre. Retire, escorra e esmague. Aqueça o óleo restante e frite o frango e o repolho até dourar levemente. Retire da panela. Adicione o molho de feijão preto e a pimenta malagueta e frite por 2 minutos. Coloque novamente o frango e o repolho na panela com o amendoim triturado e tempere com sal. Frite até aquecer e sirva imediatamente.

*Frango com Castanha de Caju*

Serve 4 porções

*30 ml/2 colheres de sopa de molho de soja*

*30 ml/2 colheres de sopa de farinha de milho (amido de milho)*

*15 ml/1 colher de sopa de vinho de arroz ou xerez seco*

*350 g/12 onças de frango em cubos*

*45 ml/3 colheres de sopa de óleo de amendoim*

*2,5 ml/½ colher de chá de sal*

*2 dentes de alho esmagados*

*225 g/8 onças de cogumelos, fatiados*

*100 g / 4 onças de castanhas-d'água, fatiadas*

*100 g/4 onças de brotos de bambu*

*50 g/2 onças de mangetout (ervilhas)*

*225 g/8 onças/2 xícaras de castanha de caju*

*300 ml/½ pt/1 ¼ xícara de caldo de galinha*

Misture o molho de soja, a farinha de milho e o vinho ou xerez, regue com o frango, tampe e deixe marinar por pelo menos 1 hora. Aqueça 30 ml/2 colheres de sopa de azeite com o sal e o alho e frite até o alho dourar levemente. Adicione o frango com a marinada e frite por 2 minutos até dourar levemente. Adicione os cogumelos, as castanhas-d'água, os brotos de bambu e a mangetout e frite por 2 minutos. Enquanto isso, aqueça o óleo restante em uma panela separada e frite as castanhas de caju em fogo brando por alguns minutos até dourar. Adicione-os à panela com o caldo, deixe ferver, tampe e cozinhe por 5 minutos. Se o molho não engrossar o suficiente, junte um pouco de farinha de milho misturada com uma colher de água e mexa até o molho engrossar e clarear.

*Frango com Castanhas*

Serve 4 porções

*225 g/8 onças de frango fatiado*
*5 ml/1 colher de chá de sal*
*15 ml/1 colher de sopa de molho de soja*
*óleo para fritar*
*250 ml/8 fl oz/1 xícara de caldo de galinha*
*200 g/7 onças de castanhas-d'água picadas*
*225 g/8 onças de castanhas picadas*
*225 g/8 onças de cogumelos, divididos em quartos*
*15 ml/1 colher de sopa de salsa fresca picada*

Polvilhe o frango com sal e molho de soja e esfregue bem no frango. Aqueça o óleo e frite o frango até dourar, retire e escorra. Coloque o frango numa panela com o caldo, deixe ferver e cozinhe por 5 minutos. Adicione as castanhas-d'água, as castanhas e os cogumelos, tampe e cozinhe por cerca de 20 minutos até que tudo esteja macio. Sirva decorado com salsa.

*Frango com pimenta picante*

Serve 4 porções

*350 g/1 lb de carne de frango em cubos*

*1 ovo levemente batido*

*10 ml/2 colheres de chá de molho de soja*

*2,5 ml/½ colher de chá de farinha de milho (amido de milho)*

*óleo para fritar*

*1 pimentão verde picado*

*4 dentes de alho esmagados*

*2 pimentas vermelhas, raladas*

*5 ml/1 colher de chá de pimenta moída na hora*

*5 ml/1 colher de chá de vinagre de vinho*

*5 ml/1 colher de chá de água*

*2,5 ml/½ colher de chá de açúcar*

*2,5 ml/½ colher de chá de óleo de pimenta*

*2,5 ml/½ colher de chá de óleo de gergelim*

Misture o frango com o ovo, metade do molho de soja e a farinha de milho e deixe repousar 30 minutos. Aqueça o óleo e frite o frango até dourar e escorra bem. Retire da panela quase 15 ml/1 colher de sopa de óleo, adicione a pimenta, o alho e a pimenta malagueta e frite por 30 segundos. Adicione a pimenta, o vinagre de vinho, a água e o açúcar e frite por 30 segundos. Retorne o frango à panela e frite por alguns minutos até ficar cozido. Sirva polvilhado com pimenta e óleo de gergelim.

### Frango Frito com Pimenta

Serve 4 porções

*225 g/8 onças de frango fatiado*
*2,5 ml/½ colher de chá de molho de soja*
*2,5 ml/½ colher de chá de óleo de gergelim*
*2,5 ml/½ colher de chá de vinho de arroz ou xerez seco*
*5 ml/1 colher de chá de farinha de milho (amido de milho)*
*sal*
*45 ml/3 colheres de sopa de óleo de amendoim*
*100 g/4 onças de espinafre*
*4 cebolinhas (cebolinha), picadas*
*2,5 ml/½ colher de chá de pimenta em pó*
*15 ml/1 colher de sopa de água*
*1 tomate fatiado*

Misture o frango com o molho de soja, o óleo de gergelim, o vinho ou o xerez, metade da farinha de milho e uma pitada de sal. Deixe repousar por 30 minutos. Aqueça 15 ml/1 colher de sopa de óleo e frite o frango até dourar levemente. Retire da wok. Aqueça 15 ml/1 colher de sopa de óleo e frite o espinafre até murchar e retire-o da wok. Aqueça o óleo restante e frite as cebolinhas, a pimenta em pó, a água e o restante da farinha de milho por 2 minutos. Junte o frango e frite rapidamente. Disponha o espinafre em um prato aquecido, cubra com o frango e sirva decorado com tomates.

### Costeleta de Frango Suey

Serve 4 porções

*100 g/4 onças de folhas chinesas, desfiadas*

*100 g/4 onças de brotos de bambu, cortados em tiras*

*60 ml/4 colheres de sopa de óleo de amendoim*

*3 cebolinhas (cebolinha), fatiadas*

*2 dentes de alho esmagados*

*1 fatia de raiz de gengibre picada*

*225 g/8 onças de peito de frango, cortado em tiras*

*45 ml/3 colheres de sopa de molho de soja*

*15 ml/1 colher de sopa de vinho de arroz ou xerez seco*

*5 ml/1 colher de chá de sal*

*2,5 ml/½ colher de chá de açúcar*

*pimenta moída na hora*

*15 ml/1 colher de sopa de farinha de milho (amido de milho)*

Escalde as folhas chinesas e os brotos de bambu em água fervente por 2 minutos. Escorra e seque. Aqueça 45 ml/3 colheres de sopa de óleo e frite a cebola, o alho e o gengibre até dourar levemente. Adicione o frango e frite por 4 minutos. Retire da panela. Aqueça o óleo restante e frite os legumes por 3 minutos. Adicione o frango, o molho de soja, o vinho ou xerez, o sal, o açúcar e uma pitada de pimenta e frite por 1 minuto.

Misture a farinha de milho com um pouco de água, junte ao molho e cozinhe, mexendo, até o molho clarear e engrossar.

*Chow Mein de Frango*

Serve 4 porções

*30 ml/2 colheres de sopa de óleo de amendoim*
*2 dentes de alho esmagados*
*450 g/1 lb de frango fatiado*
*225 g/8 onças de brotos de bambu, fatiados*
*100 g/4 onças de aipo fatiado*
*225 g/8 onças de cogumelos, fatiados*
*450 ml/¾ pt/2 xícaras de caldo de galinha*
*225 g/8 onças de broto de feijão*
*4 cebolas cortadas em rodelas*
*30 ml/2 colheres de sopa de molho de soja*
*30 ml/2 colheres de sopa de farinha de milho (amido de milho)*
*225 g/8 onças de macarrão chinês seco*

Aqueça o azeite com o alho até dourar levemente, depois acrescente o frango e frite por 2 minutos até dourar levemente. Adicione os brotos de bambu, o aipo e os cogumelos e frite por 3 minutos. Adicione a maior parte do caldo, deixe ferver, tampe e cozinhe por 8 minutos. Adicione o broto de feijão e a cebola e cozinhe por 2 minutos, mexendo, até restar apenas um pouco de caldo. Misture o caldo restante com o molho de soja e a farinha de milho. Mexa na panela e cozinhe, mexendo, até o molho clarear e engrossar.

Enquanto isso, cozinhe o macarrão em água fervente com sal por alguns minutos, seguindo as instruções da embalagem. Escorra bem, misture com a mistura de frango e sirva imediatamente.

*Frango Temperado Frito Crocante*

Serve 4 porções

*450 g/1 lb de carne de frango, cortada em pedaços*
*30 ml/2 colheres de sopa de molho de soja*
*30 ml/2 colheres de sopa de molho de ameixa*
*45 ml/3 colheres de sopa de chutney de manga*
*1 dente de alho esmagado*
*2,5 ml/½ colher de chá de gengibre em pó*
*algumas gotas de conhaque*
*30 ml/2 colheres de sopa de farinha de milho (amido de milho)*
*2 ovos batidos*
*100 g/4 onças/1 xícara de pão ralado seco*
*30 ml/2 colheres de sopa de óleo de amendoim*
*6 cebolinhas (cebolinha), picadas*
*1 pimentão vermelho picado*
*1 pimentão verde picado*
*30 ml/2 colheres de sopa de molho de soja*
*30 ml/2 colheres de sopa de mel*
*30 ml/2 colheres de sopa de vinagre de vinho*

Coloque o frango em uma tigela. Misture os molhos, o chutney, o alho, o gengibre e o conhaque, regue com o frango, tampe e deixe marinar por 2 horas. Escorra o frango e polvilhe com farinha de milho. Passe os ovos e depois a farinha de rosca. Aqueça o óleo e frite o frango até dourar. Retire da panela. Adicione os legumes e frite por 4 minutos e retire. Escorra o óleo da panela e coloque o frango e os vegetais de volta na panela com os ingredientes restantes. Deixe ferver e aqueça antes de servir.

*Frango Frito com Pepino*

Serve 4 porções
*225 g/8 onças de carne de frango*
*1 clara de ovo*
*2,5 ml/½ colher de chá de farinha de milho (amido de milho)*
*sal*
*½ pepino*
*30 ml/2 colheres de sopa de óleo de amendoim*
*100 g/4 onças de cogumelos botão*
*50 g/2 onças de brotos de bambu, cortados em tiras*
*50 g/2 onças de presunto picado*
*15 ml/1 colher de sopa de água*

*2,5 ml/½ colher de chá de sal*

*2,5 ml/½ colher de chá de vinho de arroz ou xerez seco*

*2,5 ml/½ colher de chá de óleo de gergelim*

Fatie o frango e corte-o em pedaços. Misture com a clara de ovo, a farinha de milho e o sal e deixe repousar. Corte o pepino ao meio no sentido do comprimento e corte-o na diagonal em fatias grossas. Aqueça o azeite e frite o frango até dourar levemente e retire da frigideira. Adicione o pepino e os brotos de bambu e frite por 1 minuto. Volte a colocar o frango na frigideira com o presunto, a água, o sal e o vinho ou xerez. Deixe ferver e cozinhe até que o frango esteja macio. Sirva polvilhado com óleo de gergelim.

## Curry de Frango e Pimenta

Serve 4 porções

*120 ml/4 fl oz/½ xícara de óleo de amendoim (amendoim)*

*4 pedaços de frango*

*1 cebola picada*

*5 ml/1 colher de chá de curry em pó*

*5 ml/1 colher de chá de molho de pimenta*

*15 ml/1 colher de sopa de vinho de arroz ou xerez seco*

*2,5 ml/½ colher de chá de sal*

*600 ml/1 pt/2½ xícaras de caldo de galinha*

*15 ml/1 colher de sopa de farinha de milho (amido de milho)*

*45 ml/3 colheres de sopa de água*

*5 ml/1 colher de chá de óleo de gergelim*

Aqueça o azeite e frite os pedaços de frango até dourar dos dois lados e retire-os da frigideira. Adicione a cebola, o curry em pó e o molho de pimenta e frite por 1 minuto. Adicione o vinho ou xerez e o sal, mexa bem, coloque o frango de volta na panela e mexa novamente. Adicione o caldo, deixe ferver e cozinhe em fogo brando por cerca de 30 minutos até que o frango esteja macio. Se o molho não tiver reduzido o suficiente, misture a farinha de milho e a água até formar uma pasta, misture um pouco no molho e cozinhe, mexendo, até engrossar o molho. Sirva polvilhado com óleo de gergelim.

*Caril de Frango Chinês*

Serve 4 porções

*45 ml/3 colheres de sopa de curry em pó*
*1 cebola fatiada*
*350 g/12 onças de frango em cubos*
*150 ml/¼ pt/½ xícara generosa de caldo de galinha*
*5 ml/1 colher de chá de sal*
*10 ml/2 colher de chá de farinha de milho (amido de milho)*
*15 ml/1 colher de sopa de água*

Aqueça o curry em pó e a cebola em uma frigideira seca por 2 minutos, sacudindo a frigideira para cobrir a cebola. Adicione o frango e mexa até ficar bem revestido com curry em pó. Adicione o caldo e o sal, deixe ferver, tampe e cozinhe por cerca de 5 minutos até o frango ficar macio. Misture a farinha de milho e a água até formar uma pasta, mexa na panela e cozinhe, mexendo, até o molho engrossar.

*Frango ao Curry Rápido*

Serve 4 porções

*450 g/1 lb de peito de frango em cubos*
*45 ml/3 colheres de sopa de vinho de arroz ou xerez seco*
*50 g/2 onças de farinha de milho (amido de milho)*
*1 clara de ovo*
*sal*
*150 ml / ¼ pt / generosa ½ xícara de óleo de amendoim (amendoim)*
*15 ml/1 colher de sopa de curry em pó*
*10 ml/2 colheres de chá de açúcar mascavo*
*150 ml/¼ pt/½ xícara generosa de caldo de galinha*

Misture os cubos de frango e o xerez. Reserve 10 ml/2 colheres de chá de farinha de milho. Bata a clara de ovo com o restante da farinha de milho e uma pitada de sal e misture no frango até ficar bem revestido. Aqueça o óleo e frite o frango até ficar cozido e dourado. Retire da panela e escorra tudo, exceto 15 ml/1 colher de sopa de óleo. Junte a farinha de milho reservada, o curry em pó e o açúcar e frite por 1 minuto. Junte o caldo, deixe ferver e cozinhe, mexendo sempre, até o molho engrossar. Volte o frango para a panela, mexa e reaqueça antes de servir.

### Frango ao Curry com Batata

Serve 4 porções

*45 ml/3 colheres de sopa de óleo de amendoim*

*2,5 ml/½ colher de chá de sal*

*1 dente de alho esmagado*

*750 g/1½ lb de frango em cubos*

*225 g/8 onças de batatas em cubos*

*4 cebolas cortadas em rodelas*

*15 ml/1 colher de sopa de curry em pó*

*450 ml/¾ pt/2 xícaras de caldo de galinha*

*225 g/8 onças de cogumelos, fatiados*

Aqueça o azeite com o sal e o alho, acrescente o frango e frite até dourar levemente. Adicione as batatas, cebolas e curry em pó e frite por 2 minutos. Adicione o caldo, deixe ferver, tampe e cozinhe por cerca de 20 minutos até que o frango esteja cozido, mexendo de vez em quando. Adicione os cogumelos, retire a tampa e cozinhe por mais 10 minutos até o líquido reduzir.

*Pernas de frango frito*

*Serve 4 porções*

*2 coxas de frango grandes, desossadas*

*2 cebolinhas (cebolinha)*

*1 fatia de gengibre batido*

*120 ml/4 fl oz/½ xícara de molho de soja*

*5 ml/1 colher de chá de vinho de arroz ou xerez seco*

*óleo para fritar*

*5 ml/1 colher de chá de óleo de gergelim*

*pimenta moída na hora*

Espalhe a carne do frango e marque tudo. Bata 1 cebolinha e pique a outra. Misture a cebolinha achatada com o gengibre, o molho de soja e o vinho ou xerez. Despeje sobre o frango e deixe marinar por 30 minutos. Retire e escorra. Coloque em um prato sobre uma grelha para cozimento a vapor e cozinhe no vapor por 20 minutos.

Aqueça o óleo e frite o frango por cerca de 5 minutos até dourar. Retire da panela, escorra bem e corte em fatias grossas, depois arrume as fatias em uma travessa aquecida. Aqueça o óleo de gergelim, acrescente a cebolinha picada e a pimenta, regue com o frango e sirva.

*Frango Frito com Molho de Curry*

Serve 4 porções

*1 ovo levemente batido*

*30 ml/2 colheres de sopa de farinha de milho (amido de milho)*

*25 g/1 onça/¼ xícara de farinha simples (multiuso)*

*2,5 ml/½ colher de chá de sal*

*225 g/8 onças de frango em cubos*

*óleo para fritar*

*30 ml/2 colheres de sopa de óleo de amendoim*

*30 ml/2 colheres de sopa de curry em pó*

*60 ml/4 colheres de sopa de vinho de arroz ou xerez seco*

Bata o ovo com a farinha de milho, a farinha e o sal até obter uma massa espessa. Despeje sobre o frango e mexa bem para revestir. Aqueça o óleo e frite o frango até dourar e ficar cozido. Enquanto isso, aqueça o óleo e frite o curry em pó por 1 minuto. Junte o vinho ou o xerez e deixe ferver. Coloque o frango em um prato aquecido e regue com o molho de curry.

*Frango Bêbado*

Serve 4 porções

*450 g/1 lb de filé de frango cortado em pedaços*
*60 ml/4 colheres de sopa de molho de soja*
*30 ml/2 colheres de sopa de molho hoisin*
*30 ml/2 colheres de sopa de molho de ameixa*
*30 ml/2 colheres de sopa de vinagre de vinho*
*2 dentes de alho esmagados*
*pitada de sal*
*algumas gotas de óleo de pimenta*
*2 claras de ovo*
*60 ml/4 colheres de sopa de farinha de milho (amido de milho)*
*óleo para fritar*
*200 ml/½ pt/1 ¼ xícara de vinho de arroz ou xerez seco*

Coloque o frango em uma tigela. Misture os molhos e o vinagre de vinho, o alho, o sal e o óleo de pimenta, regue com o frango e deixe marinar na geladeira por 4 horas. Bata as claras até ficarem firmes e envolva a farinha de milho. Retire o frango da marinada e cubra com a mistura de clara de ovo. Aqueça o óleo e frite o frango até ficar cozido e dourado. Escorra bem em papel de cozinha e coloque numa tigela. Regue com o vinho ou xerez, tampe e deixe marinar na geladeira por 12 horas. Retire o frango do vinho e sirva frio.

*Frango Salgado com Ovos*

Serve 4 porções

*30 ml/2 colheres de sopa de óleo de amendoim*
*4 pedaços de frango*
*2 cebolinhas (cebolinha), picadas*
*1 dente de alho esmagado*
*1 fatia de raiz de gengibre picada*
*175 ml/6 fl oz/¾ xícara de molho de soja*
*30 ml/2 colheres de sopa de vinho de arroz ou xerez seco*
*30 ml/2 colheres de sopa de açúcar mascavo*
*5 ml/1 colher de chá de sal*
*375 ml/13 fl oz/1½ xícara de água*
*4 ovos cozidos (cozidos)*
*15 ml/1 colher de sopa de farinha de milho (amido de milho)*

Aqueça o óleo e frite os pedaços de frango até dourar. Adicione a cebolinha, o alho e o gengibre e frite por 2 minutos. Adicione o molho de soja, o vinho ou xerez, o açúcar e o sal e misture bem. Adicione a água e deixe ferver, tampe e cozinhe por 20 minutos. Adicione os ovos cozidos, tampe e cozinhe por mais 15 minutos. Misture a farinha de milho com um pouco de água, junte ao molho e cozinhe, mexendo, até o molho clarear e engrossar.

*Rolinhos de ovo de galinha*

Serve 4 porções

*4 cogumelos chineses secos*
*100 g de frango cortado em tiras*
*5 ml/1 colher de chá de farinha de milho (amido de milho)*
*15 ml/1 colher de sopa de molho de soja*
*2,5 ml/½ colher de chá de sal*
*2,5 ml/½ colher de chá de açúcar*
*60 ml/4 colheres de sopa de óleo de amendoim*
*225 g/8 onças de broto de feijão*
*3 cebolinhas (cebolinha), picadas*
*100 g/4 onças de espinafre*
*12 cascas de rolinho de ovo*
*1 ovo batido*
*óleo para fritar*

Mergulhe os cogumelos em água morna por 30 minutos e depois escorra. Descarte os talos e pique as tampas. Coloque o frango em uma tigela. Misture a farinha de milho com 5 ml/1 colher de chá de molho de soja, o sal e o açúcar e misture ao frango. Deixe repousar por 15 minutos. Aqueça metade do óleo e frite o frango até dourar levemente. Escalde os brotos de feijão em água fervente por 3 minutos e depois escorra. Aqueça o óleo restante e frite as cebolinhas até dourar levemente. Junte os cogumelos, os brotos de feijão, o espinafre e o restante do molho de soja. Adicione o frango e frite por 2 minutos. Deixe esfriar. Coloque um pouco de recheio no centro de cada casca e pincele as bordas com ovo batido. Dobre nas laterais e enrole os rolinhos de ovo, selando as bordas com ovo. Aqueça o óleo e frite os rolinhos de ovo até ficarem crocantes e dourados.

*Frango Assado com Ovos*

Serve 4 porções

*30 ml/2 colheres de sopa de óleo de amendoim*
*4 filés de peito de frango cortados em tiras*
*1 pimentão vermelho cortado em tiras*
*1 pimentão verde cortado em tiras*
*45 ml/3 colheres de sopa de molho de soja*
*45 ml/3 colheres de sopa de vinho de arroz ou xerez seco*
*250 ml/8 fl oz/1 xícara de caldo de galinha*
*100 g/4 onças de alface americana, picada*
*5 ml/1 colher de chá de açúcar mascavo*
*30 ml/2 colheres de sopa de molho hoisin*
*sal e pimenta*
*15 ml/1 colher de sopa de farinha de milho (amido de milho)*
*30 ml/2 colheres de sopa de água*
*4 ovos*
*30 ml/2 colheres de sopa de xerez*

Aqueça o azeite e frite o frango e o pimentão até dourar. Adicione o molho de soja, o vinho ou xerez e o caldo, deixe ferver, tampe e cozinhe por 30 minutos. Adicione a alface, o açúcar e o molho hoisin e tempere com sal e pimenta. Misture a farinha de milho e a água, junte ao molho e deixe ferver, mexendo. Bata os ovos com o xerez e frite como omeletes finas. Polvilhe com sal e pimenta e rasgue em tiras. Disponha em uma travessa aquecida e regue com o frango.

*Frango do Extremo Oriente*

Serve 4 porções

*60 ml/4 colheres de sopa de óleo de amendoim*
*450 g/1 lb de carne de frango, cortada em pedaços*
*2 dentes de alho esmagados*
*2,5 ml/½ colher de chá de sal*
*2 cebolas picadas*
*2 pedaços de talo de gengibre picado*
*45 ml/3 colheres de sopa de molho de soja*
*30 ml/2 colheres de sopa de molho hoisin*
*45 ml/3 colheres de sopa de vinho de arroz ou xerez seco*
*300 ml/½ pt/1¼ xícara de caldo de galinha*
*5 ml/1 colher de chá de pimenta moída na hora*
*6 ovos cozidos (cozidos), picados*
*15 ml/1 colher de sopa de farinha de milho (amido de milho)*
*15 ml/1 colher de sopa de água*

Aqueça o óleo e frite o frango até dourar. Adicione o alho, o sal, a cebola e o gengibre e frite por 2 minutos. Adicione o molho de soja, o molho hoisin, o vinho ou xerez, o caldo e a pimenta. Deixe ferver, tampe e cozinhe por 30 minutos. Adicione os ovos. Misture a farinha de milho e a água e misture ao molho. Deixe ferver e cozinhe, mexendo, até o molho engrossar.

*Frango Foo Yung*

Serve 4 porções

*6 ovos batidos*

*45 ml/3 colheres de sopa de farinha de milho (amido de milho)*

*100 g/4 onças de cogumelos, picados grosseiramente*

*225 g/8 onças de peito de frango cortado em cubos*

*1 cebola picada*

*5 ml/1 colher de chá de sal*

*45 ml/3 colheres de sopa de óleo de amendoim*

Bata os ovos e depois acrescente a farinha de milho. Junte todos os ingredientes restantes, exceto o óleo. Aqueça o óleo. Despeje a mistura na panela aos poucos para fazer panquecas pequenas com cerca de 7,5 cm de diâmetro. Cozinhe até o fundo ficar dourado, depois vire e cozinhe do outro lado.

*Presunto e Frango Foo Yung*

Serve 4 porções

*6 ovos batidos*

*45 ml/3 colheres de sopa de farinha de milho (amido de milho)*

*100 g/4 onças de presunto cortado em cubos*

*225 g/8 onças de peito de frango cortado em cubos*

*3 cebolinhas (cebolinha), picadas finamente*

*5 ml/1 colher de chá de sal*

*45 ml/3 colheres de sopa de óleo de amendoim*

Bata os ovos e depois acrescente a farinha de milho. Junte todos os ingredientes restantes, exceto o óleo. Aqueça o óleo. Despeje a mistura na panela aos poucos para fazer panquecas pequenas com cerca de 7,5 cm de diâmetro. Cozinhe até o fundo ficar dourado, depois vire e cozinhe do outro lado.

*Frango Frito com Gengibre*

Serve 4 porções

*1 frango cortado ao meio*
*4 fatias de raiz de gengibre esmagada*
*30 ml/2 colheres de sopa de vinho de arroz ou xerez seco*
*30 ml/2 colheres de sopa de molho de soja*
*5 ml/1 colher de chá de açúcar*
*óleo para fritar*

Coloque o frango em uma tigela rasa. Misture o gengibre, o vinho ou o xerez, o molho de soja e o açúcar, regue com o frango e esfregue na pele. Deixe marinar por 1 hora. Aqueça o óleo e frite o frango, metade de cada vez, até ficar levemente colorido. Retire do óleo e deixe esfriar um pouco enquanto reaquece o óleo. Retorne o frango à frigideira e frite até dourar e ficar cozido. Escorra bem antes de servir.

*Frango Gengibre*

Serve 4 porções

*225 g/8 onças de frango em fatias finas*
*1 clara de ovo*
*pitada de sal*
*2,5 ml/½ colher de chá de farinha de milho (amido de milho)*
*15 ml/1 colher de sopa de óleo de amendoim*
*10 fatias de raiz de gengibre*
*6 cogumelos cortados ao meio*
*1 cenoura fatiada*
*2 cebolinhas (cebolinha), fatiadas*
*5 ml/1 colher de chá de vinho de arroz ou xerez seco*
*5 ml/1 colher de chá de água*
*2,5 ml/½ colher de chá de óleo de gergelim*

Misture o frango com a clara de ovo, o sal e a farinha de milho. Aqueça metade do óleo e frite o frango até dourar levemente e retire-o da frigideira. Aqueça o azeite restante e frite o gengibre, os cogumelos, a cenoura e a cebolinha por 3 minutos. Retorne o frango à panela com o vinho ou xerez e água e cozinhe até que o frango esteja macio. Sirva polvilhado com óleo de gergelim.

*Frango Gengibre com Cogumelos e Castanhas*

Serve 4 porções

60 ml/4 colheres de sopa de óleo de amendoim

225 g/8 onças de cebola, fatiada

450 g/1 lb de carne de frango cortada em cubos

100 g/4 onças de cogumelos, fatiados

30 ml/2 colheres de sopa de farinha simples (multiuso)

60 ml/4 colheres de sopa de molho de soja

10 ml/2 colheres de chá de açúcar

sal e pimenta moída na hora

900 ml/1½ pt/3¾ xícaras de água quente

2 fatias de raiz de gengibre picada

450 g/1 lb de castanhas d'água

Aqueça metade do azeite e frite a cebola por 3 minutos e depois retire-a da panela. Aqueça o óleo restante e frite o frango até dourar levemente.

Adicione os cogumelos e cozinhe por 2 minutos. Polvilhe a mistura com farinha e junte o molho de soja, o açúcar, o sal e a pimenta. Despeje a água e o gengibre, a cebola e as castanhas. Deixe ferver, tampe e cozinhe suavemente por 20 minutos. Retire a tampa e continue cozinhando suavemente até o molho reduzir.

*Frango Dourado*

Serve 4 porções

*8 pedaços pequenos de frango*
*300 ml/½ pt/1¼ xícara de caldo de galinha*
*45 ml/3 colheres de sopa de molho de soja*
*15 ml/1 colher de sopa de vinho de arroz ou xerez seco*
*5 ml/1 colher de chá de açúcar*
*1 raiz de gengibre fatiada, picada*

Coloque todos os ingredientes em uma panela grande, deixe ferver, tampe e cozinhe por cerca de 30 minutos até que o frango esteja bem cozido. Retire a tampa e continue cozinhando até o molho reduzir.

*Ensopado de Frango Dourado Marinado*

Serve 4 porções

*4 pedaços de frango*
*300 ml/½ pt/1¼ xícara de molho de soja*
*óleo para fritar*
*4 cebolinhas (cebolinha), em fatias grossas*
*1 fatia de raiz de gengibre picada*
*2 pimentas vermelhas, fatiadas*
*3 dentes de anis estrelado*
*50 g/2 onças de brotos de bambu, fatiados*
*150 ml/1½ pt/generosa ½ xícara de caldo de galinha*
*30 ml/2 colheres de sopa de farinha de milho (amido de milho)*
*60 ml/4 colheres de sopa de água*
*5 ml/1 colher de chá de óleo de gergelim*

Corte o frango em pedaços grandes e deixe marinar no molho de soja por 10 minutos. Retire e escorra, reservando o molho de soja. Aqueça o óleo e frite o frango por cerca de 2 minutos até dourar levemente. Retire e escorra. Retire tudo, exceto 30 ml / 2 colheres de sopa de óleo, depois adicione a cebolinha, o gengibre, a pimenta malagueta e o anis estrelado e frite por 1 minuto. Retorne o frango para a panela com os brotos de bambu e o molho de soja reservado e adicione caldo suficiente para cobrir o frango. Deixe ferver e cozinhe por cerca de 10 minutos até que o frango esteja macio. Retire o frango do molho com uma escumadeira e arrume-o em uma travessa aquecida. Coe o molho e coloque-o novamente na panela. Misture a farinha de milho e a água até formar uma pasta, junte ao molho e cozinhe, mexendo, até o molho engrossar. Despeje sobre o frango e sirva polvilhado com um pouco de óleo de gergelim.

*Moedas de Ouro*

Serve 4 porções

*4 filés de peito de frango*
*30 ml/2 colheres de sopa de mel*
*30 ml/2 colheres de sopa de vinagre de vinho*
*30 ml/2 colheres de sopa de ketchup de tomate (ketchup)*
*30 ml/2 colheres de sopa de molho de soja*
*pitada de sal*
*2 dentes de alho esmagados*
*5 ml/1 colher de chá de cinco especiarias em pó*
*45 ml/3 colheres de sopa de farinha simples (multiuso)*
*2 ovos batidos*
*5 ml/1 colher de chá de raiz de gengibre ralado*
*5 ml/1 colher de chá de casca de limão ralada*
*100 g/4 onças/1 xícara de pão ralado seco*
*óleo para fritar*

Coloque o frango em uma tigela. Misture o mel, o vinagre de vinho, o ketchup de tomate, o molho de soja, o sal, o alho e o pó de cinco especiarias. Despeje sobre o frango, mexa bem, tampe e deixe marinar na geladeira por 12 horas.

Retire o frango da marinada e corte em tiras grossas. Polvilhe com farinha. Bata os ovos, o gengibre e a casca de limão. Cubra o frango com a mistura e depois com a farinha de rosca até revestir uniformemente. Aqueça o óleo e frite o frango até dourar.

### Frango Cozido no Vapor com Presunto

Serve 4 porções

*4 porções de frango*
*100 g/4 onças de presunto defumado picado*
*3 cebolinhas (cebolinha), picadas*
*15 ml/1 colher de sopa de óleo de amendoim*
*sal e pimenta moída na hora*
*15 ml/1 colher de sopa de salsa de folhas planas*

Corte as porções de frango em pedaços de 5 cm e coloque em uma tigela refratária com o presunto e as cebolinhas. Polvilhe com azeite e tempere com sal e pimenta e misture delicadamente os ingredientes. Coloque a tigela sobre uma gradinha em uma panela a vapor, tampe e cozinhe em água fervente por cerca de 40 minutos até que o frango esteja macio. Sirva decorado com salsa.

*Frango com Molho Hoisin*

Serve 4 porções

*4 porções de frango cortadas ao meio*
*50 g/2 onças/½ xícara de farinha de milho (amido de milho)*
*óleo para fritar*
*10 ml/2 colher de chá de raiz de gengibre ralada*
*2 cebolas picadas*
*225 g/8 onças de florzinhas de brócolis*
*1 pimenta vermelha picada*
*225 g/8 onças de cogumelos botão*
*250 ml/8 fl oz/1 xícara de caldo de galinha*
*45 ml/3 colheres de sopa de vinho de arroz ou xerez seco*
*45 ml/3 colheres de sopa de vinagre de cidra*
*45 ml/3 colheres de sopa de molho hoisin*
*20 ml/4 colheres de chá de molho de soja*

Cubra os pedaços de frango com metade da farinha de milho. Aqueça o óleo e frite os pedaços de frango, aos poucos, por cerca de 8 minutos, até dourar e estar cozido. Retire da panela e escorra em papel de cozinha. Retire da panela tudo menos 30 ml/2 colheres de sopa de óleo e frite o gengibre por 1 minuto. Adicione a cebola e frite por 1 minuto. Adicione o brócolis, a pimenta e os cogumelos e frite por 2 minutos. Combine o caldo com a farinha de milho reservada e os ingredientes restantes e coloque na panela. Deixe ferver, mexendo e cozinhe até o molho clarear. Retorne o frango à wok e cozinhe, mexendo, por cerca de 3 minutos até ficar bem aquecido.

*Frango com Mel*

Serve 4 porções

*30 ml/2 colheres de sopa de óleo de amendoim*
*4 pedaços de frango*
*30 ml/2 colheres de sopa de molho de soja*
*120 ml/4 fl oz/½ xícara de vinho de arroz ou xerez seco*
*30 ml/2 colheres de sopa de mel*
*5 ml/1 colher de chá de sal*
*1 cebolinha (cebolinha) picada*
*1 fatia de raiz de gengibre, picada finamente*

Aqueça o azeite e frite o frango até dourar por todos os lados. Escorra o excesso de óleo. Misture os ingredientes restantes e despeje-os na panela. Deixe ferver, tampe e cozinhe por cerca de 40 minutos até que o frango esteja cozido.

*Frango Kung Pao*

Serve 4 porções

*450 g/1 lb de frango em cubos*

*1 clara de ovo*

*5 ml/1 colher de chá de sal*

*30 ml/2 colheres de sopa de farinha de milho (amido de milho)*

*60 ml/4 colheres de sopa de óleo de amendoim*

*25 g/1 onça de pimenta vermelha seca, aparada*

*5 ml/1 colher de chá de alho picado*

*15 ml/1 colher de sopa de molho de soja*

*15 ml/1 colher de sopa de vinho de arroz ou xerez seco 5 ml/1 colher de chá de açúcar*

*5 ml/1 colher de chá de vinagre de vinho*

*5 ml/1 colher de chá de óleo de gergelim*

*30 ml/2 colheres de sopa de água*

Numa tigela coloque o frango com a clara de ovo, o sal e metade da farinha de milho e deixe marinar durante 30 minutos. Aqueça o óleo e frite o frango até dourar levemente e retire-o da frigideira. Reaqueça o azeite e frite a pimenta e o alho por 2 minutos. Retorne o frango à frigideira com o molho de soja, o vinho ou xerez, o açúcar, o vinagre de vinho e o óleo de gergelim e frite por 2 minutos. Misture o restante da farinha de milho com a água, mexa na panela e cozinhe, mexendo, até o molho clarear e engrossar.

*Frango com Alho-poró*

Serve 4 porções

*30 ml/2 colheres de sopa de óleo de amendoim*
*5 ml/1 colher de chá de sal*
*225 g/8 onças de alho-poró fatiado*
*1 fatia de raiz de gengibre picada*
*225 g/8 onças de frango em fatias finas*
*15 ml/1 colher de sopa de vinho de arroz ou xerez seco*
*15 ml/1 colher de sopa de molho de soja*

Aqueça metade do azeite e frite o sal e o alho-poró até dourar levemente e retire-os da frigideira. Aqueça o óleo restante e frite o gengibre e o frango até dourar levemente. Adicione o vinho ou xerez e o molho de soja e frite por mais 2 minutos até que o frango esteja cozido. Retorne o alho-poró para a panela e mexa até aquecer bem. Sirva imediatamente.

*frango com limão*

Serve 4 porções

*4 peitos de frango desossados*

*2 ovos*

*50 g/2 onças/½ xícara de farinha de milho (amido de milho)*

*50 g/2 onças/½ xícara de farinha simples (multiuso)*

*150 ml/¼ pt/generosa ½ xícara de água*

*óleo de amendoim (amendoim) para fritar*

*250 ml/8 fl oz/1 xícara de caldo de galinha*

*60 ml/5 colheres de sopa de suco de limão*

*30 ml/2 colheres de sopa de vinho de arroz ou xerez seco*

*30 ml/2 colheres de sopa de farinha de milho (amido de milho)*

*30 ml/2 colheres de sopa de purê de tomate (pasta)*

*1 cabeça de alface*

Corte cada peito de frango em 4 pedaços. Bata os ovos, a farinha de milho e a farinha simples, adicionando água apenas o suficiente para fazer uma massa espessa. Coloque os pedaços de frango na massa e mexa até ficar bem revestido. Aqueça o óleo e frite o frango até dourar e ficar cozido.

Entretanto, misture o caldo, o sumo de limão, o vinho ou xerez, a farinha de milho e o puré de tomate e leve ao lume brando, mexendo sempre, até levantar fervura. Cozinhe delicadamente, mexendo continuamente, até o molho engrossar e clarear. Disponha o frango em uma travessa aquecida sobre uma cama de folhas de alface e regue com o molho ou sirva separadamente.

*Frango Frito com Limão*

Serve 4 porções

*450 g/1 lb de frango desossado, fatiado*

*30 ml/2 colheres de sopa de suco de limão*

*15 ml/1 colher de sopa de molho de soja*

*15 ml/1 colher de sopa de vinho de arroz ou xerez seco*

*30 ml/2 colheres de sopa de farinha de milho (amido de milho)*

*30 ml/2 colheres de sopa de óleo de amendoim*

*2,5 ml/½ colher de chá de sal*

*2 dentes de alho esmagados*

*50 g/2 onças de castanhas-d'água, cortadas em tiras*

*50 g/2 onças de brotos de bambu, cortados em tiras*

*algumas folhas chinesas, cortadas em tiras*

*60 ml/4 colheres de sopa de caldo de galinha*

*15 ml/1 colher de sopa de purê de tomate (pasta)*

*15 ml/1 colher de sopa de açúcar*

*15 ml/1 colher de sopa de suco de limão*

Coloque o frango em uma tigela. Misture o sumo de limão, o molho de soja, o vinho ou o xerez e 15 ml/1 colher de sopa de farinha de milho, regue com o frango e deixe marinar durante 1 hora, virando de vez em quando.

Aqueça o azeite, o sal e o alho até dourar levemente, depois acrescente o frango e a marinada e frite por cerca de 5 minutos até que o frango esteja levemente dourado. Adicione as castanhas-d'água, os brotos de bambu e as folhas chinesas e frite por mais 3 minutos ou até que o frango esteja cozido. Adicione os ingredientes restantes e frite por cerca de 3 minutos até o molho clarear e engrossar.

*Fígado de Frango com Broto de Bambu*

Serve 4 porções

*225 g/8 onças de fígado de frango, em fatias grossas*
*45 ml/3 colheres de sopa de vinho de arroz ou xerez seco*
*45 ml/3 colheres de sopa de óleo de amendoim*
*15 ml/1 colher de sopa de molho de soja*
*100 g/4 onças de brotos de bambu, fatiados*
*100 g / 4 onças de castanhas-d'água, fatiadas*
*60 ml/4 colheres de sopa de caldo de galinha*
*sal e pimenta moída na hora*

Misture os fígados de frango com o vinho ou o xerez e deixe repousar 30 minutos. Aqueça o óleo e frite os fígados de frango até dourar levemente. Adicione a marinada, o molho de soja, os brotos de bambu, as castanhas-d'água e o caldo. Deixe ferver e tempere com sal e pimenta. Cubra e cozinhe por cerca de 10 minutos até ficar macio.

*Fígado de Frango Frito*

Serve 4 porções

*450 g/1 lb de fígado de frango, dividido pela metade*
*50 g/2 onças/½ xícara de farinha de milho (amido de milho)*
*óleo para fritar*

Seque os fígados de frango e polvilhe com farinha de milho, sacudindo o excesso. Aqueça o óleo e frite os fígados de frango por alguns minutos até dourar e ficar cozido. Escorra em papel de cozinha antes de servir.

*Fígados de Frango com Mangetout*

Serve 4 porções

*225 g/8 onças de fígado de frango, em fatias grossas*
*10 ml/2 colher de chá de farinha de milho (amido de milho)*
*10 ml/2 colheres de chá de vinho de arroz ou xerez seco*
*15 ml/1 colher de sopa de molho de soja*
*45 ml/3 colheres de sopa de óleo de amendoim*
*2,5 ml/½ colher de chá de sal*
*2 fatias de raiz de gengibre picada*
*100 g/4 onças de mangetout (ervilhas)*
*10 ml/2 colher de chá de farinha de milho (amido de milho)*
*60 ml/4 colheres de sopa de água*

Coloque os fígados de frango em uma tigela. Adicione a farinha de milho, o vinho ou xerez e o molho de soja e misture bem para revestir. Aqueça metade do azeite e frite o sal e o gengibre até dourar levemente. Adicione a mangetout e frite até ficar bem revestida com óleo e retire da panela. Aqueça o óleo restante e frite os fígados de frango por 5 minutos até ficarem cozidos. Misture a farinha de milho e a água até formar uma pasta, mexa na panela e cozinhe, mexendo, até o molho clarear e engrossar.

Retorne o mangetout para a panela e cozinhe até aquecer completamente.

*Fígado de Frango com Panqueca de Macarrão*

*Serve 4 porções*
*30 ml/2 colheres de sopa de óleo de amendoim*
*1 cebola fatiada*
*450 g/1 lb de fígado de frango, dividido pela metade*
*2 talos de aipo fatiados*
*120 ml/4 fl oz/½ xícara de caldo de galinha*
*15 ml/1 colher de sopa de farinha de milho (amido de milho)*
*15 ml/1 colher de sopa de molho de soja*
*30 ml/2 colheres de sopa de água*
*panqueca de macarrão*

Aqueça o azeite e frite a cebola até ficar macia. Adicione os fígados de frango e frite até ficar colorido. Adicione o aipo e frite por 1 minuto. Adicione o caldo, deixe ferver, tampe e cozinhe por 5 minutos. Misture a farinha de milho, o molho de soja e a água até formar uma pasta, mexa na panela e cozinhe, mexendo, até o molho clarear e engrossar. Despeje a mistura sobre a panqueca de macarrão e sirva.

*Fígados de Frango com Molho de Ostra*

Serve 4 porções

*45 ml/3 colheres de sopa de óleo de amendoim*
*1 cebola picada*
*225 g/8 onças de fígado de frango, dividido pela metade*
*100 g/4 onças de cogumelos, fatiados*
*30 ml/2 colheres de sopa de molho de ostra*
*15 ml/1 colher de sopa de molho de soja*
*15 ml/1 colher de sopa de vinho de arroz ou xerez seco*
*120 ml/4 fl oz/½ xícara de caldo de galinha*
*5 ml/1 colher de chá de açúcar*
*15 ml/1 colher de sopa de farinha de milho (amido de milho)*
*45 ml/3 colheres de sopa de água*

Aqueça metade do azeite e frite a cebola até ficar macia. Adicione os fígados de frango e frite até ficarem coloridos. Adicione os cogumelos e frite por 2 minutos. Misture o molho de ostra, o molho de soja, o vinho ou xerez, o caldo e o açúcar, despeje na panela e leve à fervura, mexendo. Misture a farinha de milho e a água até formar uma pasta, coloque na panela e cozinhe, mexendo até o molho clarear e engrossar e os fígados ficarem macios.

### Fígado de Frango com Abacaxi

Serve 4 porções

*225 g/8 onças de fígado de frango, dividido pela metade*
*45 ml/3 colheres de sopa de óleo de amendoim*
*30 ml/2 colheres de sopa de molho de soja*
*15 ml/1 colher de sopa de farinha de milho (amido de milho)*
*15 ml/1 colher de sopa de açúcar*
*15 ml/1 colher de sopa de vinagre de vinho*
*sal e pimenta moída na hora*
*100 g/4 onças de pedaços de abacaxi*
*60 ml/4 colheres de sopa de caldo de galinha*

Escalde os fígados de frango em água fervente por 30 segundos e escorra. Aqueça o óleo e frite os fígados de frango por 30 segundos. Misture o molho de soja, a farinha de milho, o açúcar, o vinagre de vinho, o sal e a pimenta, despeje na panela e mexa bem para cobrir os fígados de frango. Adicione os pedaços de abacaxi e o caldo e frite por cerca de 3 minutos até que os fígados estejam cozidos.

## Fígados de frango agridoce

Serve 4 porções

30 ml/2 colheres de sopa de óleo de amendoim
450 g/1 lb de fígado de frango, esquartejado
2 pimentões verdes, cortados em pedaços
4 fatias de abacaxi em lata, cortadas em pedaços
60 ml/4 colheres de sopa de caldo de galinha
30 ml/2 colheres de sopa de farinha de milho (amido de milho)
10 ml/2 colheres de chá de molho de soja
100 g/4 onças/½ xícara de açúcar
120 ml/4 fl oz/½ xícara de vinagre de vinho
120 ml/4 fl oz/½ xícara de água

Aqueça o óleo e frite os fígados até dourar levemente e depois transfira-os para uma travessa aquecida. Adicione os pimentões à frigideira e frite por 3 minutos. Adicione o abacaxi e o caldo, deixe ferver, tampe e cozinhe por 15 minutos. Misture os ingredientes restantes até formar uma pasta, mexa na panela e cozinhe, mexendo, até o molho engrossar. Despeje sobre os fígados de frango e sirva.

*Frango com Lichias*

Serve 4 porções

*3 peitos de frango*
*60 ml/4 colheres de sopa de farinha de milho (amido de milho)*
*45 ml/3 colheres de sopa de óleo de amendoim*
*5 cebolinhas (cebolinha), fatiadas*
*1 pimentão vermelho cortado em pedaços*
*120 ml/4 fl oz/½ xícara de molho de tomate*
*120 ml/4 fl oz/½ xícara de caldo de galinha*
*5 ml/1 colher de chá de açúcar*
*275 g/10 onças de lichias descascadas*

Corte os peitos de frango ao meio e retire e descarte os ossos e a pele. Corte cada peito em 6. Reserve 5 ml/1 colher de chá de farinha de milho e misture o restante do frango até ficar bem revestido. Aqueça o óleo e frite o frango por cerca de 8 minutos até dourar. Adicione a cebolinha e a pimenta e frite por 1 minuto. Misture o molho de tomate, metade do caldo e o açúcar e misture na wok com as lichias. Deixe ferver, tampe e cozinhe por cerca de 10 minutos até que o frango esteja cozido. Misture a farinha de milho reservada e o caldo e mexa na panela. Cozinhe, mexendo, até o molho clarear e engrossar.

*Frango com Molho de Lichia*

Serve 4 porções

*225 g/8 onças de frango*

*1 cebolinha (cebolinha)*

*4 castanhas d'água*

*30 ml/2 colheres de sopa de farinha de milho (amido de milho)*

*45 ml/3 colheres de sopa de molho de soja*

*30 ml/2 colheres de sopa de vinho de arroz ou xerez seco*

*2 claras de ovo*

*óleo para fritar*

*400 g/14 onças de lichias enlatadas em calda*

*5 colheres de sopa de caldo de galinha*

Pique (moa) o frango com a cebolinha e as castanhas-d'água. Misture metade da farinha de milho, 30 ml/2 colheres de sopa de molho de soja, o vinho ou xerez e as claras. Molde a mistura em bolas do tamanho de nozes. Aqueça o óleo e frite o frango até dourar. Escorra em papel de cozinha.

Enquanto isso, aqueça delicadamente a calda de lichia com o caldo e o molho de soja reservado. Misture o restante da farinha de milho com um pouco de água, mexa na panela e cozinhe, mexendo, até o molho clarear e engrossar. Junte as lichias e cozinhe suavemente para aquecer. Disponha o frango em uma travessa aquecida, regue com as lichias e o molho e sirva imediatamente.

*Frango com Mangetout*

Serve 4 porções
*225 g/8 onças de frango em fatias finas*
*5 ml/1 colher de chá de farinha de milho (amido de milho)*
*5 ml/1 colher de chá de vinho de arroz ou xerez seco*
*5 ml/1 colher de chá de óleo de gergelim*
*1 clara de ovo levemente batida*
*45 ml/3 colheres de sopa de óleo de amendoim*
*1 dente de alho esmagado*
*1 fatia de raiz de gengibre picada*
*100 g/4 onças de mangetout (ervilhas)*
*120 ml/4 fl oz/½ xícara de caldo de galinha*
*sal e pimenta moída na hora*

Misture o frango com a farinha de milho, o vinho ou xerez, o óleo de gergelim e a clara de ovo. Aqueça metade do azeite e frite o alho e o gengibre até dourar levemente. Adicione o frango e frite até dourar e retire da panela. Aqueça o óleo restante e frite a mangetout por 2 minutos. Adicione o caldo, deixe ferver, tampe e cozinhe por 2 minutos. Volte o frango para a panela e tempere com sal e pimenta. Cozinhe suavemente até aquecer completamente.

*Frango com Manga*

Serve 4 porções

*100 g/4 onças/1 xícara de farinha simples (multiuso)*
*250 ml/8 fl oz/1 xícara de água*
*2,5 ml/½ colher de chá de sal*
*pitada de fermento em pó*
*3 peitos de frango*
*óleo para fritar*
*1 fatia de raiz de gengibre picada*
*150 ml/¼ pt/½ xícara generosa de caldo de galinha*
*45 ml/3 colheres de sopa de vinagre de vinho*
*45 ml/3 colheres de sopa de vinho de arroz ou xerez seco*
*20 ml/4 colheres de chá de molho de soja*
*10 ml/2 colheres de chá de açúcar*
*10 ml/2 colher de chá de farinha de milho (amido de milho)*
*5 ml/1 colher de chá de óleo de gergelim*
*5 cebolinhas (cebolinha), fatiadas*
*400 g de manga enlatada, escorrida e cortada em tiras*

Misture a farinha, a água, o sal e o fermento. Deixe repousar por 15 minutos. Retire e descarte a pele e os ossos do frango. Corte o frango em tiras finas. Misture-os na mistura de farinha. Aqueça o óleo e frite o frango por cerca de 5 minutos até dourar. Retire da panela e escorra em papel de cozinha. Remova tudo da wok, exceto 15 ml/1 colher de sopa de óleo, e frite o gengibre até dourar levemente. Misture o caldo com o vinagre de vinho, o vinho ou xerez, o molho de soja, o açúcar, a farinha de milho e o óleo de gergelim. Adicione à panela e deixe ferver, mexendo. Adicione as cebolinhas e cozinhe por 3 minutos. Adicione o frango e as mangas e cozinhe, mexendo, por 2 minutos.

*Melão Recheado De Frango*

Serve 4 porções

*350 g/12 onças de carne de frango*

*6 castanhas d'água*

*2 vieiras sem casca*

*4 fatias de raiz de gengibre*

*5 ml/1 colher de chá de sal*

*15 ml/1 colher de sopa de molho de soja*

*600 ml/1 pt/2½ xícaras de caldo de galinha*

*8 melões melões pequenos ou 4 médios*

Pique finamente o frango, as castanhas, as vieiras e o gengibre e misture com o sal, o molho de soja e o caldo. Corte as pontas dos melões e retire as sementes. Serrilhar as bordas superiores. Encha os melões com a mistura de frango e coloque-os sobre uma gradinha no vaporizador. Cozinhe em água fervente por 40 minutos até que o frango esteja cozido.

*Frango e cogumelos salteados*

*Serve 4 porções*
*45 ml/3 colheres de sopa de óleo de amendoim*
*1 dente de alho esmagado*
*1 cebolinha (cebolinha) picada*
*1 fatia de raiz de gengibre picada*
*225 g/8 onças de peito de frango, cortado em lascas*
*225 g/8 onças de cogumelos botão*
*45 ml/3 colheres de sopa de molho de soja*
*15 ml/1 colher de sopa de vinho de arroz ou xerez seco*
*5 ml/1 colher de chá de farinha de milho (amido de milho)*

Aqueça o azeite e frite o alho, a cebolinha e o gengibre até dourar levemente. Adicione o frango e frite por 5 minutos. Adicione os cogumelos e frite por 3 minutos. Adicione o molho de soja, o vinho ou xerez e a farinha de milho e frite por cerca de 5 minutos até que o frango esteja cozido.

*Frango com Cogumelos e Amendoins*

Serve 4 porções

*30 ml/2 colheres de sopa de óleo de amendoim*
*2 dentes de alho esmagados*
*1 fatia de raiz de gengibre picada*
*450 g/1 lb de frango desossado, em cubos*
*225 g/8 onças de cogumelos botão*
*100 g/4 onças de brotos de bambu, cortados em tiras*
*1 pimentão verde em cubos*
*1 pimenta vermelha em cubos*
*250 ml/8 fl oz/1 xícara de caldo de galinha*
*30 ml/2 colheres de sopa de vinho de arroz ou xerez seco*
*15 ml/1 colher de sopa de molho de soja*
*15 ml/1 colher de sopa de molho tabasco*
*30 ml/2 colheres de sopa de farinha de milho (amido de milho)*
*30 ml/2 colheres de sopa de água*

Aqueça o azeite, o alho e o gengibre até que o alho fique levemente dourado. Adicione o frango e frite até dourar levemente. Adicione os cogumelos, os brotos de bambu e os pimentões e frite por 3 minutos. Adicione o caldo, o vinho ou xerez, o molho de soja e o molho tabasco e deixe ferver, mexendo. Tampe e cozinhe por cerca de 10 minutos até que o frango esteja bem cozido. Misture a farinha de milho e a água e misture ao molho. Cozinhe, mexendo, até o molho clarear e engrossar, acrescentando um pouco mais de caldo ou água se o molho estiver muito grosso.

*Frango Frito com Cogumelos*

Serve 4 porções

*6 cogumelos chineses secos*
*1 peito de frango em fatias finas*
*1 fatia de raiz de gengibre picada*
*2 cebolinhas (cebolinha) picadas*
*15 ml/1 colher de sopa de farinha de milho (amido de milho)*
*15 ml/1 colher de sopa de vinho de arroz ou xerez seco*
*30 ml/2 colheres de sopa de água*
*2,5 ml/½ colher de chá de sal*
*45 ml/3 colheres de sopa de óleo de amendoim*
*225 g/8 onças de cogumelos, fatiados*
*100 g/4 onças de broto de feijão*
*15 ml/1 colher de sopa de molho de soja*
*5 ml/1 colher de chá de açúcar*
*120 ml/4 fl oz/½ xícara de caldo de galinha*

Mergulhe os cogumelos em água morna por 30 minutos e depois escorra. Descarte os talos e corte as tampas. Coloque o frango em uma tigela. Misture o gengibre, a cebolinha, a farinha de milho, o vinho ou xerez, a água e o sal, junte ao frango e deixe repousar 1 hora. Aqueça metade do óleo e frite o frango até dourar levemente e retire-o da frigideira. Aqueça o restante azeite e frite os cogumelos secos e frescos e os rebentos de feijão durante 3 minutos. Adicione o molho de soja, o açúcar e o caldo, deixe ferver, tampe e cozinhe por 4 minutos até que os legumes estejam macios. Volte o frango para a panela, mexa bem e aqueça delicadamente antes de servir.

*Frango Cozido no Vapor com Cogumelos*

Serve 4 porções

*4 pedaços de frango*
*30 ml/2 colheres de sopa de farinha de milho (amido de milho)*
*30 ml/2 colheres de sopa de molho de soja*
*3 cebolinhas (cebolinha), picadas*
*2 fatias de raiz de gengibre picada*
*2,5 ml/½ colher de chá de sal*
*100 g/4 onças de cogumelos, fatiados*

Corte os pedaços de frango em pedaços de 5 cm/2 e coloque-os em uma tigela refratária. Misture a farinha de milho e o molho de soja até formar uma pasta, junte a cebolinha, o gengibre e o sal e misture bem com o frango. Misture delicadamente os cogumelos. Coloque a tigela sobre uma gradinha em uma panela a vapor, tampe e cozinhe em água fervente por cerca de 35 minutos até que o frango esteja macio.

*Frango com Cebola*

Serve 4 porções

*60 ml/4 colheres de sopa de óleo de amendoim*
*2 cebolas picadas*
*450 g/1 lb de frango fatiado*
*30 ml/2 colheres de sopa de vinho de arroz ou xerez seco*
*250 ml/8 fl oz/1 xícara de caldo de galinha*
*45 ml/3 colheres de sopa de molho de soja*
*30 ml/2 colheres de sopa de farinha de milho (amido de milho)*
*45 ml/3 colheres de sopa de água*

Aqueça o azeite e frite a cebola até dourar levemente. Adicione o frango e frite até dourar levemente. Adicione o vinho ou xerez, o caldo e o molho de soja, deixe ferver, tampe e cozinhe por 25 minutos até o frango ficar macio. Misture a farinha de milho e a água até formar uma pasta, mexa na panela e cozinhe, mexendo, até o molho clarear e engrossar.

*Frango com Laranja e Limão*

Serve 4 porções

*350 g/1 lb de carne de frango, cortada em tiras*
*30 ml/2 colheres de sopa de óleo de amendoim*
*2 dentes de alho esmagados*
*2 fatias de raiz de gengibre picada*
*casca ralada de ½ laranja*
*casca ralada de ½ limão*
*45 ml/3 colheres de sopa de suco de laranja*
*45 ml/3 colheres de sopa de suco de limão*
*15 ml/1 colher de sopa de molho de soja*
*3 cebolinhas (cebolinha), picadas*
*15 ml/1 colher de sopa de farinha de milho (amido de milho)*
*45 ml/1 colher de sopa de água*

Escalde o frango em água fervente por 30 segundos e depois escorra. Aqueça o azeite e frite o alho e o gengibre por 30 segundos. Adicione a casca e o suco de laranja e limão, o molho de soja e as cebolinhas e frite por 2 minutos. Adicione o frango e cozinhe por alguns minutos até que o frango esteja macio.

Misture a farinha de milho e a água até formar uma pasta, mexa na panela e cozinhe, mexendo, até o molho engrossar.

*Frango com Molho de Ostra*

Serve 4 porções

*30 ml/2 colheres de sopa de óleo de amendoim*
*1 dente de alho esmagado*
*1 fatia de gengibre picado*
*450 g/1 lb de frango fatiado*
*250 ml/8 fl oz/1 xícara de caldo de galinha*
*30 ml/2 colheres de sopa de molho de ostra*
*15 ml/1 colher de sopa de vinho de arroz ou xerez*
*5 ml/1 colher de chá de açúcar*

Aqueça o azeite com o alho e o gengibre e frite até dourar levemente. Adicione o frango e frite por cerca de 3 minutos até dourar levemente. Adicione o caldo, o molho de ostra, o vinho ou xerez e o açúcar, deixe ferver, mexendo, tampe e cozinhe por cerca de 15 minutos, mexendo de vez em quando, até que o frango esteja cozido. Retire a tampa e continue cozinhando, mexendo, por cerca de 4 minutos, até o molho reduzir e engrossar.

*Pacotes de Frango*

Serve 4 porções

*225 g/8 onças de frango*
*30 ml/2 colheres de sopa de vinho de arroz ou xerez seco*
*30 ml/2 colheres de sopa de molho de soja*
*papel manteiga ou pergaminho*
*30 ml/2 colheres de sopa de óleo de amendoim*
*óleo para fritar*

Corte o frango em cubos de 5 cm/2. Misture o vinho ou xerez e o molho de soja, regue com o frango e mexa bem. Cubra e deixe repousar por 1 hora, mexendo de vez em quando. Corte o papel em quadrados de 10 cm/4 e pincele com óleo. Escorra bem o frango. Coloque um pedaço de papel na superfície de trabalho com um canto voltado para você. Coloque um pedaço de frango no quadrado logo abaixo do centro, dobre o canto inferior e dobre novamente para envolver o frango. Dobre nas laterais e depois dobre o canto superior para prender o pacote. Aqueça o óleo e frite os pedaços de frango por cerca de 5 minutos até ficarem cozidos. Sirva quente em embrulhos para os convidados abrirem.

*Frango com Amendoim*

*Serve 4 porções*

*225 g/8 onças de frango em fatias finas*
*1 clara de ovo levemente batida*
*10 ml/2 colher de chá de farinha de milho (amido de milho)*
*45 ml/3 colheres de sopa de óleo de amendoim*
*1 dente de alho esmagado*
*1 fatia de raiz de gengibre picada*
*2 alhos-porós picados*
*30 ml/2 colheres de sopa de molho de soja*
*15 ml/1 colher de sopa de vinho de arroz ou xerez seco*
*100 g/4 onças de amendoim torrado*

Misture o frango com a clara de ovo e a farinha de milho até ficar bem revestido. Aqueça metade do óleo e frite o frango até dourar e retire da frigideira. Aqueça o óleo restante e frite o alho e o gengibre até ficarem macios. Adicione o alho-poró e frite até dourar levemente. Junte o molho de soja e o vinho ou xerez e cozinhe por 3 minutos. Retorne o frango para a panela com o amendoim e cozinhe em fogo baixo até aquecer bem.

*Frango com Manteiga de Amendoim*

Serve 4 porções

*4 peitos de frango em cubos*
*sal e pimenta moída na hora*
*5 ml/1 colher de chá de cinco especiarias em pó*
*45 ml/3 colheres de sopa de óleo de amendoim*
*1 cebola cortada em cubos*
*2 cenouras em cubos*
*1 talo de aipo picado*
*300 ml/½ pt/1 ¼ xícara de caldo de galinha*
*10 ml/2 colher de chá de purê de tomate (pasta)*
*100 g/4 onças de manteiga de amendoim*
*15 ml/1 colher de sopa de molho de soja*
*10 ml/2 colher de chá de farinha de milho (amido de milho)*
*pitada de açúcar mascavo*
*15 ml/1 colher de sopa de cebolinha picada*

Tempere o frango com sal, pimenta e cinco especiarias em pó. Aqueça o azeite e frite o frango até ficar macio. Retire da panela.

Adicione os legumes e frite até ficarem macios, mas ainda crocantes. Misture o caldo com os restantes ingredientes, exceto a cebolinha, mexa na panela e deixe ferver. Volte o frango para a panela e reaqueça, mexendo. Sirva polvilhado com açúcar.

*Frango com Ervilhas*

Serve 4 porções

*60 ml/4 colheres de sopa de óleo de amendoim*

*1 cebola picada*

*450 g/1 lb de frango em cubos*

*sal e pimenta moída na hora*

*100 g/4 onças de ervilhas*

*2 talos de aipo picado*

*100 g/4 onças de cogumelos picados*

*250 ml/8 fl oz/1 xícara de caldo de galinha*

*15 ml/1 colher de sopa de farinha de milho (amido de milho)*

*15 ml/1 colher de sopa de molho de soja*

*60 ml/4 colheres de sopa de água*

Aqueça o azeite e frite a cebola até dourar levemente. Adicione o frango e frite até ficar colorido. Tempere com sal e pimenta e junte as ervilhas, o aipo e os cogumelos e mexa bem. Adicione o caldo, deixe ferver, tampe e cozinhe por 15 minutos. Misture a farinha de milho, o molho de soja e a água até formar uma pasta, mexa na panela e cozinhe, mexendo, até o molho clarear e engrossar.

## *Frango à Pequim*

Serve 4 porções

*4 porções de frango*
*sal e pimenta moída na hora*
*5 ml/1 colher de chá de açúcar*
*1 cebolinha (cebolinha) picada*
*1 fatia de raiz de gengibre picada*
*15 ml/1 colher de sopa de molho de soja*
*15 ml/1 colher de sopa de vinho de arroz ou xerez seco*
*15 ml/1 colher de sopa de farinha de milho (amido de milho)*
*óleo para fritar*

Coloque as porções de frango em uma tigela rasa e polvilhe com sal e pimenta. Misture o açúcar, a cebolinha, o gengibre, o molho de soja e o vinho ou xerez, passe no frango, tampe e deixe marinar por 3 horas. Escorra o frango e polvilhe com farinha de milho. Aqueça o óleo e frite o frango até dourar e ficar cozido. Escorra bem antes de servir.

*Frango com Pimentão*

Serve 4 porções

*60 ml/4 colheres de sopa de molho de soja*

*45 ml/3 colheres de sopa de vinho de arroz ou xerez seco*

*45 ml/3 colheres de sopa de farinha de milho (amido de milho)*

*450 g/1 lb de frango picado (moído)*

*60 ml/4 colheres de sopa de óleo de amendoim*

*2,5 ml/½ colher de chá de sal*

*2 dentes de alho esmagados*

*2 pimentões vermelhos em cubos*

*1 pimentão verde em cubos*

*5 ml/1 colher de chá de açúcar*

*300 ml/½ pt/1 ¼ xícara de caldo de galinha*

Misture metade do molho de soja, metade do vinho ou xerez e metade da farinha de milho. Despeje sobre o frango, mexa bem e deixe marinar por pelo menos 1 hora. Aqueça metade do azeite com o sal e o alho até dourar levemente. Adicione o frango e a marinada e frite por cerca de 4 minutos até que o frango fique branco e retire da frigideira. Adicione o óleo restante na frigideira e frite os pimentões por 2 minutos. Adicione o açúcar à panela com o restante molho de soja, o vinho ou xerez e a farinha de milho e misture bem. Adicione o caldo, deixe ferver e cozinhe, mexendo, até o molho engrossar. Retorne o frango à panela, tampe e cozinhe por 4 minutos até que o frango esteja cozido.

*Frango Frito com Pimentão*

## Serve 4 porções

*1 peito de frango em fatias finas*
*2 fatias de raiz de gengibre picada*
*2 cebolinhas (cebolinha) picadas*
*15 ml/1 colher de sopa de farinha de milho (amido de milho)*
*30 ml/2 colheres de sopa de vinho de arroz ou xerez seco*
*30 ml/2 colheres de sopa de água*
*2,5 ml/½ colher de chá de sal*
*45 ml/3 colheres de sopa de óleo de amendoim*
*100 g / 4 onças de castanhas-d'água, fatiadas*
*1 pimentão vermelho cortado em tiras*
*1 pimentão verde cortado em tiras*
*1 pimentão amarelo cortado em tiras*
*30 ml/2 colheres de sopa de molho de soja*
*120 ml/4 fl oz/½ xícara de caldo de galinha*

Coloque o frango em uma tigela. Misture o gengibre, a cebolinha, a farinha de milho, o vinho ou xerez, a água e o sal, junte ao frango e deixe repousar 1 hora. Aqueça metade do óleo e frite o frango até dourar levemente e retire-o da frigideira. Aqueça o azeite restante e frite as castanhas-d'água e os pimentões por 2 minutos. Adicione o molho de soja e o caldo, deixe ferver, tampe e cozinhe por 5 minutos até que os legumes estejam macios. Volte o frango para a panela, mexa bem e aqueça delicadamente antes de servir.

*Frango e Abacaxi*

Serve 4 porções

*30 ml/2 colheres de sopa de óleo de amendoim*

*5 ml/1 colher de chá de sal*

*2 dentes de alho esmagados*

*450 g/1 lb de frango desossado, em fatias finas*

*2 cebolas fatiadas*

*100 g / 4 onças de castanhas-d'água, fatiadas*

*100 g/4 onças de pedaços de abacaxi*

*30 ml/2 colheres de sopa de vinho de arroz ou xerez seco*

*450 ml/¾ pt/2 xícaras de caldo de galinha*

*5 ml/1 colher de chá de açúcar*

*pimenta moída na hora*

*30 ml/2 colheres de sopa de suco de abacaxi*

*30 ml/2 colheres de sopa de molho de soja*

*30 ml/2 colheres de sopa de farinha de milho (amido de milho)*

Aqueça o azeite, o sal e o alho até que o alho fique levemente dourado. Adicione o frango e frite por 2 minutos. Adicione a cebola, as castanhas-d'água e o abacaxi e frite por 2 minutos. Adicione o vinho ou xerez, o caldo e o açúcar e tempere com pimenta. Deixe ferver, tampe e cozinhe por 5 minutos. Misture o suco de abacaxi, o molho de soja e a farinha de milho. Mexa na panela e cozinhe, mexendo até o molho engrossar e clarear.

### Frango com Abacaxi e Lichia

*Serve 4 porções*

*30 ml/2 colheres de sopa de óleo de amendoim*
*225 g/8 onças de frango em fatias finas*
*1 fatia de raiz de gengibre picada*
*15 ml/1 colher de sopa de molho de soja*
*15 ml/1 colher de sopa de vinho de arroz ou xerez seco*
*200 g/7 onças de pedaços de abacaxi enlatados em calda*
*200 g/7 onças de lichias enlatadas em calda*
*15 ml/1 colher de sopa de farinha de milho (amido de milho)*

Aqueça o óleo e frite o frango até ficar levemente corado. Adicione o molho de soja e o vinho ou xerez e mexa bem. Meça 250 ml/8 fl oz/1 xícara da mistura de xarope de abacaxi e lichia e reserve 30 ml/2 colheres de sopa. Adicione o restante à panela, deixe ferver e cozinhe por alguns minutos até o frango ficar macio. Adicione os pedaços de abacaxi e as lichias. Misture a farinha de milho com a calda reservada, mexa na panela e cozinhe, mexendo, até o molho clarear e engrossar.

*Frango com Porco*

Serve 4 porções

1 peito de frango em fatias finas

100 g/4 onças de carne de porco magra, em fatias finas

60 ml/4 colheres de sopa de molho de soja

15 ml/1 colher de sopa de farinha de milho (amido de milho)

1 clara de ovo

45 ml/3 colheres de sopa de óleo de amendoim

3 fatias de raiz de gengibre picada

50 g/2 onças de brotos de bambu, fatiados

225 g/8 onças de cogumelos, fatiados

225 g/8 onças de folhas chinesas, desfiadas

120 ml/4 fl oz/½ xícara de caldo de galinha

30 ml/2 colheres de sopa de água

Misture o frango e a carne de porco. Misture o molho de soja, 5 ml/1 colher de chá de farinha de milho e a clara de ovo e junte ao frango e à carne de porco. Deixe repousar por 30 minutos. Aqueça metade do azeite e frite o frango e a carne de porco até dourar levemente e retire-os da frigideira. Aqueça o óleo restante e frite o gengibre, os brotos de bambu, os cogumelos e as folhas chinesas até ficarem bem revestidos de óleo. Adicione o caldo e deixe ferver. Retorne a mistura de frango para a panela, tampe e cozinhe por cerca de 3 minutos até que as carnes estejam macias. Misture o restante da farinha de milho com a água até formar uma pasta, junte ao molho e cozinhe, mexendo, até o molho engrossar. Sirva imediatamente.

*Frango Assado com Batata*

Serve 4 porções

*4 pedaços de frango*
*45 ml/3 colheres de sopa de óleo de amendoim*
*1 cebola fatiada*
*1 dente de alho esmagado*
*2 fatias de raiz de gengibre picada*
*450 ml/¾ pt/2 xícaras de água*
*45 ml/3 colheres de sopa de molho de soja*
*15 ml/1 colher de sopa de açúcar mascavo*
*2 batatas em cubos*

Pique o frango em pedaços de 5 cm/2. Aqueça o azeite e frite a cebola, o alho e o gengibre até dourar levemente. Adicione o frango e frite até dourar levemente. Adicione a água e o molho de soja e deixe ferver. Junte o açúcar, tampe e cozinhe por cerca de 30 minutos. Adicione as batatas à panela, tampe e cozinhe por mais 10 minutos até que o frango esteja macio e as batatas cozidas.

*Frango Cinco Especiarias com Batata*

Serve 4 porções

*45 ml/3 colheres de sopa de óleo de amendoim*

*450 g/1 lb de frango, cortado em pedaços*

*sal*

*45 ml/3 colheres de sopa de pasta de feijão amarelo*

*45 ml/3 colheres de sopa de molho de soja*

*5 ml/1 colher de chá de açúcar*

*5 ml/1 colher de chá de cinco especiarias em pó*

*1 batata em cubos*

*450 ml/¾ pt/2 xícaras de caldo de galinha*

Aqueça o azeite e frite o frango até dourar levemente. Polvilhe com sal e junte a pasta de feijão, o molho de soja, o açúcar e o pó de cinco especiarias e frite por 1 minuto. Adicione a batata e mexa bem, depois acrescente o caldo, deixe ferver, tampe e cozinhe por cerca de 30 minutos até ficar macio.

*Frango Cozido Vermelho*

Serve 4 porções

*450 g/1 lb de frango fatiado*
*120 ml/4 fl oz/½ xícara de molho de soja*
*15 ml/1 colher de sopa de açúcar*
*2 fatias de raiz de gengibre, picadas finamente*
*90 ml/6 colheres de sopa de caldo de galinha*
*30 ml/2 colheres de sopa de vinho de arroz ou xerez seco*
*4 cebolinhas (cebolinha), fatiadas*

Coloque todos os ingredientes numa panela e leve ao fogo. Tampe e cozinhe por cerca de 15 minutos até que o frango esteja cozido. Retire a tampa e continue cozinhando por cerca de 5 minutos, mexendo de vez em quando, até o molho engrossar. Sirva polvilhado com cebolinhas.

*Rissóis de Frango*

Serve 4 porções

*225 g/8 onças de carne de frango picada (moída)*
*3 castanhas d'água picadas*
*1 cebolinha (cebolinha) picada*
*1 fatia de raiz de gengibre picada*
*2 claras de ovo*
*5 ml/2 colheres de chá de sal*
*5 ml/1 colher de chá de pimenta moída na hora*
*120 ml/4 fl oz/½ xícara de óleo de amendoim (amendoim)*
*5 ml/1 colher de chá de presunto picado*

Misture o frango, as castanhas, metade da cebolinha, o gengibre, as claras, o sal e a pimenta. Forme pequenas bolas e pressione-as. Aqueça o azeite e frite os rissóis até dourar, virando uma vez. Sirva polvilhado com o restante da cebolinha e o presunto.

*Frango Salgado*

Serve 4 porções

30 ml/2 colheres de sopa de óleo de amendoim

4 pedaços de frango

3 cebolinhas (cebolinha), picadas

2 dentes de alho esmagados

1 fatia de raiz de gengibre picada

120 ml/4 fl oz/½ xícara de molho de soja

30 ml/2 colheres de sopa de vinho de arroz ou xerez seco

30 ml/2 colheres de sopa de açúcar mascavo

5 ml/1 colher de chá de sal

375 ml/13 fl oz/1½ xícara de água

15 ml/1 colher de sopa de farinha de milho (amido de milho)

Aqueça o óleo e frite os pedaços de frango até dourar. Adicione a cebolinha, o alho e o gengibre e frite por 2 minutos. Adicione o molho de soja, o vinho ou xerez, o açúcar e o sal e misture bem. Adicione a água e deixe ferver, tampe e cozinhe por 40 minutos. Misture a farinha de milho com um pouco de água, junte ao molho e cozinhe, mexendo, até o molho clarear e engrossar.

*Frango em óleo de gergelim*

Serve 4 porções

*90 ml/6 colheres de sopa de óleo de amendoim*

*60 ml/4 colheres de sopa de óleo de gergelim*

*5 fatias de raiz de gengibre*

*4 pedaços de frango*

*600 ml/1 pt/2½ xícaras de vinho de arroz ou xerez seco*

*5 ml/1 colher de chá de açúcar*

*sal e pimenta moída na hora*

Aqueça os óleos e frite o gengibre e o frango até dourar levemente. Adicione o vinho ou xerez e tempere com açúcar, sal e pimenta. Deixe ferver e cozinhe em fogo brando, descoberto, até o frango ficar macio e o molho reduzir. Sirva em tigelas.

*Frango com Xerez*

Serve 4 porções

*30 ml/2 colheres de sopa de óleo de amendoim*

*4 pedaços de frango*

*120 ml/4 fl oz/½ xícara de molho de soja*

*500 ml/17 fl oz/2¼ xícaras de vinho de arroz ou xerez seco*
*30 ml/2 colheres de sopa de açúcar*
*5 ml/1 colher de chá de sal*
*2 dentes de alho esmagados*
*1 fatia de raiz de gengibre picada*

Aqueça o azeite e frite o frango até dourar por todos os lados. Escorra o excesso de óleo e adicione todos os ingredientes restantes. Deixe ferver, tampe e cozinhe em fogo alto por 25 minutos. Reduza o fogo e cozinhe por mais 15 minutos até que o frango esteja cozido e o molho tenha reduzido.

*Frango com Molho de Soja*

Serve 4 porções

*350 g/12 onças de frango em cubos*
*2 cebolinhas (cebolinha), picadas*
*3 fatias de raiz de gengibre picada*
*15 ml/1 colher de sopa de farinha de milho (amido de milho)*

*30 ml/2 colheres de sopa de vinho de arroz ou xerez seco*

*30 ml/2 colheres de sopa de água*

*45 ml/3 colheres de sopa de óleo de amendoim*

*60 ml/4 colheres de sopa de molho de soja espesso*

*5 ml/1 colher de chá de açúcar*

Misture o frango, a cebolinha, o gengibre, a farinha de milho, o vinho ou o xerez e a água e deixe repousar 30 minutos, mexendo de vez em quando. Aqueça o óleo e frite o frango por cerca de 3 minutos até dourar levemente. Adicione o molho de soja e o açúcar e frite por cerca de 1 minuto até que o frango esteja cozido e macio.

*Frango Assado Picante*

Serve 4 porções

*150 ml/¼ pt/generosa ½ xícara de molho de soja*

*2 dentes de alho esmagados*

*50 g/2 onças/¼ xícara de açúcar mascavo*

*1 cebola picada*

*30 ml/2 colheres de sopa de purê de tomate (pasta)*

*1 fatia de limão picado*

*1 fatia de raiz de gengibre picada*
*45 ml/3 colheres de sopa de vinho de arroz ou xerez seco*
*4 pedaços grandes de frango*

Misture todos os ingredientes, exceto o frango. Coloque o frango em um refratário, regue com a mistura, tampe e deixe marinar durante a noite, regando de vez em quando. Asse o frango em forno pré-aquecido a 180°C/350°F/gás marca 4 por 40 minutos, virando e regando ocasionalmente. Retire a tampa, aumente a temperatura do forno para 200°C/400°F/gás marca 6 e continue a cozinhar por mais 15 minutos até que o frango esteja cozido.

### Frango com Espinafre

Serve 4 porções

*100 g/4 onças de frango picado*
*15 ml/1 colher de sopa de gordura de presunto picada*
*175 ml/6 fl oz/¾ xícara de caldo de galinha*
*3 claras de ovo levemente batidas*
*sal*
*5 ml/1 colher de chá de água*
*450 g/1 lb de espinafre picado*

*5 ml/1 colher de chá de farinha de milho (amido de milho)*
*45 ml/3 colheres de sopa de óleo de amendoim*

Misture o frango, a gordura do presunto, 150 ml/¼ pt/½ xícara generosa de caldo de galinha, as claras, 5 ml/1 colher de chá de sal e a água. Misture os espinafres com o restante caldo, uma pitada de sal e a farinha de milho misturada com um pouco de água. Aqueça metade do óleo, coloque a mistura de espinafre na panela e mexa sempre em fogo baixo até aquecer bem. Transfira para uma travessa aquecida e mantenha aquecido. Aqueça o óleo restante e frite colheradas da mistura de frango até ficar firme e branco. Disponha por cima do espinafre e sirva imediatamente.

*Rolinhos primavera de frango*

Serve 4 porções

*15 ml/1 colher de sopa de óleo de amendoim*
*pitada de sal*
*1 dente de alho esmagado*
*225 g de frango cortado em tiras*
*100 g/4 onças de cogumelos, fatiados*
*175 g/6 onças de repolho ralado*
*100 g/4 onças de brotos de bambu, ralados*
*50 g/2 onças de castanhas-d'água, raladas*
*100 g/4 onças de broto de feijão*

*5 ml/1 colher de chá de açúcar*

*5 ml/1 colher de chá de vinho de arroz ou xerez seco*

*5 ml/1 colher de chá de molho de soja*

*8 cascas de rolinho primavera*

*óleo para fritar*

Aqueça o azeite, o sal e o alho e frite delicadamente até o alho começar a dourar. Adicione o frango e os cogumelos e frite por alguns minutos até o frango ficar branco. Adicione o repolho, o broto de bambu, a castanha-d'água e o broto de feijão e frite por 3 minutos. Adicione o açúcar, o vinho ou o xerez e o molho de soja, mexa bem, tampe e frite por mais 2 minutos. Transfira para uma peneira e deixe escorrer.

Coloque algumas colheradas da mistura de recheio no centro de cada casca de rolinho primavera, dobre o fundo, dobre nas laterais e enrole para cima, envolvendo o recheio. Sele a borda com um pouco da mistura de farinha e água e deixe secar por 30 minutos. Aqueça o óleo e frite os rolinhos primavera por cerca de 10 minutos até ficarem crocantes e dourados. Escorra bem antes de servir.

www.ingramcontent.com/pod-product-compliance
Lightning Source LLC
Chambersburg PA
CBHW071857110526
44591CB00011B/1451